蘇州文藝評論

夏湖

2017（上）

苏州市文学艺术界联合会
苏州市文艺评论家协会　主编

文匯出版社

卷首语

陆 菁

习近平总书记在中国文联十大、中国作协九大开幕式上的重要讲话中强调要加强和改进文艺理论和评论工作，他提纲挈领、言简意赅地提出八个字：褒优贬劣，激浊扬清。这八个字一语道尽了文艺评论的基本功能和价值所在。

真正的文艺评论家应该是真诚的审美感受者，具有评论家所应有的尊严，具有自己的批判立场，站在审美的立场投入丰盈的生命体验，从生命出发而作诗性言说，是作品意旨的阐发者，是作品不足的发现者，是作品问题的评判者，也是文艺家未来发展的预见者和规划者。正如习总书记在全国文艺工作座谈会上的讲话中所指出的那样："文艺批评是文艺创作的一面镜子、一剂良药，是引导创作、多出精品、提高审美、引领风尚的重要力量。"

苏州正拥有这样一支实力不凡的文艺评论家队伍，他们在繁花似锦的文艺创作园地里勤勉劳作，与作家、艺术家们相互切磋相互砥励推波助澜，为这座古城文学艺术的空前繁荣立下了汗马功劳。近几年来苏州文艺评论家队伍获得的几个奖项最能说明问题：范伯群获得的第三届中国出版政府图书奖、王尧获得的长江学者称号、朱栋霖获得的中国文联第八届文艺理论与批评奖特等奖和中国曲艺牡丹奖理论奖、鲁枢元获得的第六届鲁迅文学奖文艺理论奖。这些沉甸甸的荣誉标志着苏州文艺评论界的实力、成就和高度。更为可喜的是，在他们的带动下，苏州涌现出一大批老中青结合、层次丰富、影响广泛的文艺评论家，成为苏州文化建设重要的方面军。

在苏州文艺创作风起云涌、新作迭出的大好局面下，苏州的文艺评论家面临着新形势、新课题、新任务：如何在文化强市的伟大实践中充分满足文艺创作形势和人民群众审美的新需求，如何更为有效地加强对青年文艺家创作群体的引导、扶持和呵护，如何加强对苏州文艺创作生态整体性的研究探讨，如何改变各艺术门类之间评论力量分布不均衡的局面，等等。为此，市文联和市文艺评论家协会陆续推出一系列凸现应用性、对策性、创新性的新举措。

一是精心打造文艺评论活动品牌，发挥其突破效应和带动效应。我们将每年都确定一个文艺评论发力点、突破口，目标高远，精心组织，逐步形成有成果、有影响、能够持续发展的文艺评论活动品牌，并以此引导我们的文艺理论与批评工作走向深入。比如市书法家协会便是我们今年文艺评论工作的重点，书协的“中国（苏州）书法史论坛”已经成功举办六届，成为推动当前书法艺术理论研究和学术水平全面提高的重要载体，必将在培养书学研究后备人才、推动书法史研究和书法教育走向深入、推动书法创作形式创新等方面持续发挥重大作用。

二是积极改进文艺评论的评判机制，凸现其导向作用和激励作用。我们采取两方重要举措：认真实施苏州文艺理论研究课题管理办法，引导我们的文艺评论工作者针对苏州本土文艺创作的实际情况进行理论探讨，在更深层次寻找规律，揭示问题，为改善苏州文艺生态环境出谋划策；进一步完善“金圣叹杯”文艺评论奖的评选机制，鼓励广大文艺评论家关注本土创作，精心写出高水平的文艺评论，对苏州的文艺创作起到真正的推动作用。

三是加强文艺评论队伍的梯队建设，形成人才的集群优势和渗透功能。相对于日益繁荣的文艺创作形势，苏州的文艺评论家队伍建设还有许多工作要做，现在存在的问题主要集中在评论新军不够壮大和力量分布不够均衡两方面。为此，我们将充分利用中国文联苏州研修基地的平台优势，精心策划，努力培养一批文艺评论新人。同时市评协协同有关协会一起继续实施培养评论人才的“双虹计划”。已初见成效的“双虹计划”有两大着力点：促使青年评论家在文艺评论前沿锤炼成才，快出成果；促进实力较为雄厚的文学评论力量向评论力量相对薄弱的文艺门类进行有效渗透，以此达成各门类评论和创作的均衡发展。

四是加强文艺评论的阵地建设，扩大对本土创作的覆盖面与影响力。《苏州文艺评论》已经连续编辑出版近十年，针对苏州的文艺创作实践组织撰写发表了数百篇评论文章，在文艺界产生了广泛影响。为了加大文艺评论的工作力度，从今年起，《苏州文艺评论》由每年出版一卷增加为每年出版上下两卷。市评协和《苏州日报》共同组编的“苏州文艺评论专版”已实施一年多，发表了评论当下苏州文艺界精品力作的近百篇文艺评论，也引起了文艺界内外的普遍关注。

苏州是经济强市，苏州也要相应地建成文化强市，这是文艺工作者的历史使命，也是文艺评论家的光荣责任。希望我们的评论家们多关注当下的文艺思潮、作品、现象和人物，多分析当前文艺发展面临的挑战和问题，多鼓励和开展有针对性的批评，多提出对繁荣发展社会主义文艺事业有参考价值的建设性对策建议，以自己的精品力作开创文艺评论新风。

目 录

文学时空

小海专辑

苏州市文联文艺理论研究课题选辑

红氍毹上

周良苏州评弹理论研究成果评论专辑

不在书坛上说书的评弹“大响档”

——读周良同志新作《伴评弹而行》有感

施振眉

在江苏文艺界，有一位德艺双馨、德高望重的老人，他为苏州评弹事业毕生奋斗，创下了辉煌卓绝的业绩，深受苏、浙、沪评弹界人士称颂与尊敬，这位老人便是周良先生。

2012年5月，我在苏州参加“周良与苏州评弹研究学术研讨会”，会上曾激动地为老友在评弹事业上的一生奉献及巨大成就发出由衷的叹喟与赞赏。未曾想到仅隔三年，周良的新作《伴评弹而行》又问世了。收到力作时我难捺急切之心，匆匆翻读后，欣喜之情油然而生。老友周良，九秩高龄，头脑思维却依然敏捷清晰，日复一日笔耕不辍。纵览全书，一字一句娓娓而述，洋洋十余万言，书写了他的学术人生。对此，我钦佩不已，并再次向周良同志表达祝贺及敬意。

《伴评弹而行》是一本围绕评弹展开的专题式回忆录，颇具特色，用周良的话说：“我写的这份回忆，是写我从事评弹艺术工作的经过和认识体会，为总结经验教训提供一份资料。”这本书确是他从事评弹工作一个甲子的切身感受，是经验之谈，亦是新中国成立以来苏州评弹进展历程最为翔实而丰富的一份史料。

周良同志是上世纪50年代中期进苏州市文化局后，在分管戏曲工作时开始领导、管理评弹的，我从事评弹工作的经历和周良大致相埒。更为难得的是，为了评弹事业，我们俩在“苏州评弹研究会”“江浙沪评弹工作领导小组”先后共事合作近40年。原先我以为自己对周良同志在评弹方面的工作情况已颇为了解，及至看了《伴评弹而行》后，方知我知之有限，甚至流于肤浅和片面。看来只有通读了这本回忆录后，对周良同志在评弹事业上的作为，才会获得全面、详尽的了解，进而明白也只有认真看了这本书后，对周良同志为评弹事业传承发展而毕生奋斗的奉献精神才会真正理解。这本书我粗略拜读后，感慨不已。借这场“新书发布会暨学术研讨会”，就我内心所想谈些感受。

一、与评弹的相知相守

我与周良同志相识后，对他印象极深的是工作努力、勤于笔耕以及擅长著书立说，知道他为评弹撰文无数。然而，这些仅仅是表象的认识，对他撰著的丰富未有切实的体会。直至读了《伴评弹而行》中上下两节的《编著杂记》后，方才真正了解到他一生的论著之丰，令人惊诧。为了查证评弹的历史，从上世纪50年代从事文化行政管理工作开始，周良同志便着意搜集资料。这些史料，促成他在1983年出版了《苏州评弹旧闻钞》，2006年，增补本又问世。该书从预备到成册，横亘两个世纪，

历时近一个甲子。其间不断地查目、补充、完善、丰富史料，乃成这洋洋大观的巨著。对此，我是钦佩万分！学界的专家认为该书把中国境内能见范围内“关于苏州评弹历史资料大致已收罗殆尽”，实为“苏州评弹研究的里程碑式著作”。此后，周良又编撰了《弹词经眼录》及《苏州评话弹词史》等。因此，可以毫不夸张地说，在苏州评弹历史的研究领域，周良堪称第一人。

对于苏州评弹艺术本体的研究，周良亦著述颇丰。从《苏州评弹艺术初探》到《苏州评弹艺术论》，佳作迭出。对评弹艺术作了全面、系统、科学的阐述。这一史一论“内容丰富、史料翔实、观点鲜明、论述确切”，乃业内行家的权威力作。

评弹界众所周知，是周良，为了大力宣传陈云的马克思主义文艺观和评弹理论，孜孜不倦，著书立说成果丰硕；人们也知道，是周良，为了弘扬传承评弹艺术，除编纂《苏州评弹书目选》《苏州评弹书目库》外，又不辞辛劳，饱含热情地撰写了《保护好苏州评弹》《评弹的保护和创新漫谈》等一批具有前瞻性的深度文章；还是周良，为宣传、扩大评弹的社会影响，参与编撰了大量评弹工具书与普及读物，如《评弹知识手册》《听书备览》《评弹文化词典》《书坛轶事》等。

周良一生著作等身，为评弹编写了如此众多具有历史价值的作品，在学术研究方面堪称奇人。在我个人看来，至少在苏州评弹史上绝无仅有，独此一人。只要稍作留意，我们便不难发现，他的绝大部分学术论著，皆在离休后完成。有人计算过，周良三分之一的著述，是在他80岁以后完成的，显见他在评弹工作中那种生命不息、奋斗不止的敬业精神，这种精神，让人敬佩不已。

有人与我谈及，周良是政府文化主管部门的一位行政管理人员，原先不懂评弹，怎会从外行到内行，转变为苏州评弹理论研究的著名专家、学术权威呢？在《伴评弹而行》书中，周良明确告知读者：“研究问题、做学问要重视占有第一手资料，要下苦功夫，功夫不负有心人。”我深切地感到这是他的肺腑之言，他在评弹事业上卓有成就，就因为他是“有心人”，就因为他肯“下苦功夫”：“有心”，他对评弹事业有着强烈的事业心、责任心；他的“功夫”便是勤奋，所谓“下苦功夫”，是数十年如一日，专心致志、刻苦钻研评弹艺术，勤勤恳恳扎扎实实地做学问。

周良同志在“做笔记”一章里说道：“我学习业务，做了许多笔记，主要是读了评弹的刻本、脚本和有关小说、戏剧作品写的故事梗概，记录心得体会和提出问题以备忘。”从他列出所读的刻本、脚本目录来看，着实让人吃惊：计有弹词书目古本182本、评话22本，与评弹书目有关的小说8种。一个目录就是一部书，一部长篇评弹作品，回目众多。如《玉蜻蜓》97回、《果报录》100回、《倭袍》100回、《九丝绦》122回。这一部部长篇巨著，少说有几千万字，不用说做笔记，就是通读一遍，需费时多少年？！因此，在我看来，评弹界读书、读脚本最多的人，周良同志堪称第一。联想到我最初接触评弹时，为了了解弹词书目的历史渊源，翻阅了一些书籍，得悉浙江在元代已有诸暨人杨维桢撰写了《廿一史弹词》；明代长兴人臧懋循刻印过弹词《四游记》；到清代，杭州、湖州等地的女作家陈端生、郑贞华、周颖芳、孙德英等编写了《再生缘》《梦影缘》《精忠传》《金鱼缘》等弹词刻本。“鉴湖女侠”秋瑾在乌镇教书时，也曾编著了《精卫石》弹词。这些弹词刊本，我未曾借阅过，而周良同志不但阅读了《廿一史弹词》，上述女作家的作品也作过研究。

《再生缘》据说在道光年间即有刊本，按理，作为在杭州从事评弹工作的干部，我应该一读，但遗憾的是，这部原著我至今没有翻阅过。连我省平湖籍弹词名家秦纪文根据《再生缘》改编的《孟丽君》，我竟然一回书也未曾听过。有一次，陈云同志问我：“报上有一篇文章，说秦纪文‘三十年来说一书’，你看过吗？”我红着脸答道：“没有。”忆及当年，尴尬与窘态至今犹存。反观同是从事评弹工作的周良同志，他不但阅读了《再生缘》古本原著，还“一面看一面做笔记，还不止看一遍”，甚至还查考出浙江海宁籍弹词演员张福田与李伯康很早就改编演出过《再生缘》。而经他查证认为：“《孟丽君》这部书演出时间最长者为秦纪文。”

关于报上报道秦纪文“三十年来说一书”的文章，陈云同志也曾问过周良，他不但坦然回答看过，还和陈云同志就评弹老艺人一生只打磨一部书这类评弹轶事展开漫谈。从对待弹词古本《再生缘》及长篇弹词《孟丽君》这部书的不同态度上，显示出了我的懒散与浅薄，面对周良这位勤奋严谨的评弹学者，我自惭形秽。

二、对陈云同志评弹思想的坚持与贯彻

老一辈无产阶级革命家陈云同志热爱评弹，新中国成立后一直关注并指导着评弹工作。生前他来江南工作时，常和苏、浙、沪三地分管评弹工作的干部交谈，因此他与周良联系密切、交往频繁。周良同志在《伴评弹而行》一书中，用三个章节“忆陈云同志”。让我们看到了他对陈云的文艺思想，对陈云全面、系统、科学的评弹理论体系，理解得最深刻，宣传得最积极；对陈云同志关于评弹艺术的一系列方针、指示，贯彻执行得也最坚决。在这方面我和周良同志交往很多，也较为知情。印象最深的是，他在和陈云同志的交往中为评弹事业做了几桩影响深远的事情：

一是参与编辑出版了《陈云同志关于评弹的谈话和通信》。这是一本陈云同志论述评弹的理论专著，是曲艺界所独有的，是一部马克思主义文艺思想的重要文献。我深知在这本书的编辑出版过程中，周良同志费心费力，付出了巨大的心血。这无疑是他对评弹事业作出的一大贡献。

二是周良同志发起并组织有关人员提供资料，由他搜集编写了《陈云和评弹界交往实录》，并由中央文献出版社付梓成书。这是新中国文艺史上罕见的一册珍贵史料。若非有心人周良有心为之，评弹界何来如

此好书？对此，业内人士一直铭记着他的功绩。

此外，周良同志还编辑出版了《陈云同志和评弹艺术》《出人出书走正路》，撰写了多篇学习陈云同志思想与工作作风的文章。

对于宣传陈云同志的文艺思想以及陈云“求真务实”的评弹理论，周良同志可谓不遗余力，用他自己的话说则是“负有学习、阐述、宣传的任务”。除了演讲、发言，从上世纪80年代到2012年，他先后撰写相关论文数十篇，在各类刊物上发表。周良的努力是试图用评弹在各个时期的历史事实，用自己在评弹工作中的实践来验证陈云同志评弹理论的科学性与正确性。对于陈云同志在评弹艺术方面的重要论述，如“要重视评弹艺术的特征和规律”“戏曲、小说、评弹三种不同的艺术形式有质的区别”“评弹要像评弹：说、噱、弹、唱，说是主要的”“说长篇，放单档”以及要“出人出书走正路”等等。周良连连著文，反复阐述，并在刊物《评弹艺术》上开辟专栏展开大讨论，为落实陈云同志对评弹工作的指示，在行动上真抓实干。

三、传承技艺　厥功至伟

周良自从事评弹工作开始，便重视老艺人的说书经验总结，早在上世纪60年代，就编印了《老艺人谈艺》小册子供演员们参阅。在聆听了陈云同志“要组织老艺人写些评论文章，他们能说出道道来”的意见后，周良同志频频发动、组织书坛名家、响档撰写文章，在他主编的《评弹艺术》上辟出专栏发表，谈艺文章几乎每期均有，持续20多年，少说亦有百余篇。此外，周良还将40余位老先生编书、说书的经验之谈，汇编成《艺海聚珍》一书出版。

由周良同志主编，得到陈云同志支持创办的《评弹艺术》，是一份不定期的学术刊物，从1982年创刊至今，已出版发行了52期，总文字约900万。对于该刊的社会效果，圈内圈外无不交口称赞。它既是评弹理论研究的阵地、评弹研究者的资料宝库与学术交流的平台，同时是评弹信息收容与传递的窗口、演员们的良师益友，还是评弹爱好者的必读物与收藏品。它之所以能光彩依旧，皆因有周良这位“终身主编”的呵护支撑。是他带领着一批批志同道合的编撰人员，长年累月地坚守在这块阵地上，年复一年，三十三年如一日，呕心沥血，虽惨淡经营但相守如常。周良执着的敬业精神，评弹界有目共睹、有口皆碑。

以上种种，是周良为评弹艺术宝库增添的一笔笔宝贵的财富，而这些财富，可使青年演员和研究者们取之不尽、用之不竭，对于评弹艺术的发展来说，可谓功德无量，值得称赞。

为了使评弹艺术能薪火相承，发扬光大，周良不辞辛劳，鞠躬尽瘁。全国文艺界皆知，国内诸多曲种中，唯苏州评弹有一所专门学校。这所学校就我所知，正是周良同志遵照陈云同志的指示在上世纪60年代着手筹建创办的。“文革”期间被迫停办，“文革”结束后不久，即70年代后期，又是周良同志按照陈云同志的意见，积极参与评弹学校的恢复重建。周良深知陈云同志十分关注评弹学校，在80年代经常向他汇报学校的办学情况，多次组织学生向陈云作汇报演出，听取他老人家对评弹教学的意见。时至今日，苏州评弹学校培养的一批批学生，大都是当今书坛上的生力军，评弹艺术后继有人，得益于周良的不懈努力，评弹界难忘周良对评弹艺术传承的良苦用心与厥功至伟。

四、白首心未移：为评弹艺术发展添砖加瓦

在陈云同志提议下，1984年，江苏、浙江、上海两省一市文化厅（局）共同组成了一个评弹工作领导小组，办公室设在苏州，周良同志出任副组长。这个小组的工作除商讨、制定、发展评弹的相关措施等行政管理工作外，由于评弹的创作、表演、评弹会书、学术研讨会等活动频繁，小组还承担了策划、评判等事项，工作繁冗琐屑。对于行政管理工作，

周良同志常常主动担当，奔忙于江浙沪三地，穿梭协调，忙碌不堪。更让人吃惊的是，从 1997 年到 2010 年，他遵照陈云同志生前的遗愿，为了弘扬民族文化，推广、保存苏州评弹艺术，担纲主编出版了《苏州评弹书目选》，计 5 集 13 册，共收 350 回书，若以一回一万字计，即有 350 万字。实际上远不止此数，据我所知，其中有一册为我省评话演员汪雄飞的演出本《三国·五关斩六将》，此书便有 18 回，27 万字。此例表明，这套书的总字数不低于 500 万。而周良同志在编审过程中，至少要看两遍，有些书甚至要翻阅数遍。依此推想，为编这套书，周良同志阅读的字数当在千万以上，何况还要为这些作品一一撰拟“简介”。有专家认为：“这些简介，扼要而准确，字数不多，却是学术研究成果。”如此浩繁的工作，实为苏州评弹史上的一大创举。

2006 年，苏州评弹被列入国家非物质文化遗产名录后，周良同志提议借此东风，编辑《苏州评弹书目库》，并且义不容辞地担起主编之责。从 2008 年出版第一辑至今，已编印了 7 辑 52 册，洋洋大观，总字数超过 1000 万。

这两项前无古人的集大成工程，周良同志耗时 18 年。耄耋之年的离休老人，为评弹书目得以传承，字斟句酌，一回又一回地审阅，一册又一册地编辑。至此，我们从周老身上真正理解了什么是全心全意，何为矢志不移！我们也真正明白了“老骥伏枥”非在“盈缩之期”的时代真谛。

周良评弹理论研究的历史地位与作用

唐力行

《伴评弹而行》是第一部评弹管理者撰写的回忆录。周良以平实的叙事风格，将六十余年来伴评弹而行的往事娓娓道来，为我们提供了一部对新中国成立以来评弹艺术发展历程严肃反思的力作。周良对评弹的贡献是多方面的，最为突出的是他对评弹理论研究的贡献。本文拟从评弹理论研究的学术史与评弹理论研究体系的建构这两个方面探讨周良评弹理论研究的历史地位和作用。

一、评弹理论研究的集大成者

三年前我在“周良与苏州评弹研究学术研讨会”上曾说过：“一门学科如果没有理论的话，就不是一门成熟的学科。同理，对于一门艺术来说，如果没有理论支撑，它也不可能发展成为一门成熟的艺术。尽管评弹在表演艺术上较为完善，但是没有理论的概括、理论的研究与启发，它也不可能成为一门真正成熟的艺术。”评弹的历史悠久，评弹研究的历史也长。最初的评弹研究是由评弹艺人自己做的，是他们对于说书艺术经验的总结。其中最著名的是“御前弹唱”的王周士，他完成了《书品·书忌》一文，从书目内容、书情结构、说书艺术、技巧锻炼及艺术态度、艺术修养等方面，对说书技艺进行了初步的归纳，形成了评弹界说唱表演的法典。嘉庆道光年间的陆瑞廷撰写《说书五诀》，论述了理、味、趣、细、技的评弹五诀，艺术见解独特。另外，咸丰同治年间的马如飞编写了《南词必览》（又称《稗官必读》），内容包括《光裕公所颠末》《出道录》《出道录四言句序》《光裕公所改良章程》《马如飞自序》《袁榴出道录序》《杂录》《光裕社规则及其他》《名家特色》等，梳理了评弹艺术的行业规范及历史经验。晚明到清代，艺人总结说书经验所形成的文献数量极少，文人学者对它的关注不见史载，这一局面到民国时期逐渐改变。

一百年前国学大师王国维在具有划时代意义的《宋元戏曲史》中提出："凡一代有一代之文学：楚之骚，汉之赋，六代之骈语，唐之诗，宋之词，元之曲，皆所谓一代之文学，而后世莫能继焉者也。独元人之曲，为时既近，托体稍卑，故两朝史志与'四库'集部，均不著于录，后世儒硕，皆鄙弃不复道。而为此学者，大率不学之徒，即有一二学子，以余力及之，亦未有能观其会同，窥其奥窔者。遂使一代文献，郁堙沈晦者且数百年，愚甚惑焉。"王国维以宋元戏曲史的开创性研究，改变了学术界轻视乃至鄙视戏曲、曲艺，认为其不登大雅之堂的偏见。自此，现代意义上的中国戏剧、曲艺研究开始进入学术研究的领域，评弹也不例外。民国年间学术界对评弹研究的切入点是文学。弹词小说开始受到重视和研究。当时学者建立了两个理论平台：一是在晚清小说理论中，把弹词作为"旧小说"的一部分，突出弹词的社会作用。例如在弹词与妇女的关系上，狄平子称弹词小说为"妇女教科书"。谭正璧研究了弹词小说在女性群体中的娱乐作用，肯定了其在文学领域内的地位，并对弹词小说与女性群体的关系进行了详细的阐发，撰写了《中国女性的文学生活》一书。阿英将研究的关注点转移到弹词作品的表演史上，开创性地撰写了《女弹词小史》，该书也成为弹词演出史方面的代表性著作。二是在五四以后"俗文学"学科中把弹词作为民间说唱文学加以研究，确立弹词小说在"俗文学"中的地位，突出通俗文学的艺术性与人民性的关系，从而形成了对评弹艺术进行文学研究的基本思路与框架结构。

在“俗文学”思潮的影响下，涌现出李家瑞《说弹词》、陈汝衡《说书小史》《说书史话》、阿英《弹词小说评考》、赵景深《弹词选导言》《弹词考证》等研究评弹的著作。这些著作在解读文本的同时，也综合论述了评弹的变迁过程、表演形式、叙述内容等。同时，随着评弹中心转移上海，评弹艺术进入了一个新的发展高峰，于是，有关评弹艺术的背景知识、行业术语、艺人行踪等信息大量出现在报端。

新中国成立后，在阶级斗争为纲的年代，尤其是“文化大革命”中，评弹本身遭受了严重的破坏，评弹的学术研究处于停顿状态，鲜有新的研究成果问世。改革开放后，评弹才重获新生，评弹研究也开始走上正轨。评弹研究延续了传统的两支研究队伍，一支是包括评弹在内的曲艺界，由演员、管理层和评弹作家等组成；另一支是学术界的。在两支队伍中，成绩最为斐然的便是周良先生。早在50年代中期，周良先生开始伴评弹而行时，便从工作需要出发，学习评弹，其中包括前辈们的著作。在“读书”这一节，他讲到“阿英的《女弹词小史》，因抗战爆发未能出版”，一直未能读到，真可谓踏破铁鞋无觅处，后来得到戏曲、曲艺史专家赵景深的热情帮助，“他把所藏的排印稿本借给我用”（第16页，以下引文凡出自周良《伴评弹而行》一书者，均在文中括号加注页数），才得遂所愿。周良还在管理工作的实践中虚心向演员和老艺人学习，在书中他详细介绍了向评话名家潘伯英学习的过程，满怀深情地说：“潘老可以说是我学习评弹的第一位老师。”（49页）在继承的基础上，他长期坚持收集评弹资料，听书、读书、记笔记，结合实际思考评弹的艺术规律。周良先生阅读了大量的评弹脚本，据“记笔记”这一节统计，他读的各种版本的弹词脚本达182种、评话22种、与评弹书目有关的小说8种，共计212种，并认真做了30多本读书笔记。试问还有哪位评弹管理者认真读过这么多的脚本？有的脚本有不同的版本，如三笑的版本就有十种之多，即令是演说三笑的艺人恐也鲜有认真读过十种不同版本，并加以比较研究的。周良先生就是用苦读走进评弹，从外行变成内行，从内行变成专家的。他说："我想告诉读者，研究问题、做学问要重视占有第一手资料，要下苦功夫，功夫不负有心人。"（34页）周良在半个多世纪中下了苦功夫，系统搜集整理了1000余万字的评弹史料和书目资料。他在管理工作中思考艺术实践中的问题，从历史资料和文献入手进行研究，这在学术研究中是一条正路。从"编著杂记"所列编著目录可知，周良先生独著、合作、主编或参与编纂的有关苏州评弹的书刊总数达47种之多，还不包括这本回忆录。略举其要，在资料方面有《苏州评弹旧闻钞》《弹词目录汇抄》《弹词经眼录》《苏州评弹书目库》《陈云和苏州评弹交往实录》《评弹书简》《艺海聚珍》《演员口述历史及传记》等；在研究方面有《苏州评弹艺术初探》《再论苏州评弹艺术》《苏州评弹艺术论》《苏州评弹史稿》《苏州评话弹词史》等专著；此外，由周良主编或担任顾问的苏州《评弹艺术》，于1982年创刊至今已历时35年、出版50期。这本评弹界唯一的专业杂志为整合评弹研究队伍，推进评弹事业的发展，作出了长期而艰巨的努力。因此，周良是苏州评弹理论研究学术史上的集大成者，他的学术论著无论从数量到质量，都是评弹理论研究史上高入云霄的里程碑。

二、评弹艺术特征的探索者

明清以来数百年的艺术实践，苏州评弹形成了自身的艺术特征。苏州评弹艺术是由书目、书场、艺人和听众四大要素组成的。在这四大要素互动的背后，是评弹的艺术本体和艺术规律，构成评弹艺术特征的核心。长期以来，在极"左"路线的统治下，评弹的艺术本体与艺术规律遭受严重破坏，一度评歌、评戏泛滥书坛，传统书目被视为异端。这就是陈云同志呼吁"评弹要像评弹"的由来。那么评弹怎样才能像评弹？评弹的艺术特征究竟是什么？这是周良伴评弹而行，一路走来、一路思考的理论核心问题。周良先生的回忆录显示了他在上世纪50年代走近评弹后，各个阶段都在反复思考这些问题。

在“研究苏州评弹的艺术特征”这一节中，周良指出：“‘评弹要像评弹’向我们提出一个要求，要研究评弹的特点，自觉地发挥这种艺术形式的特长，使它合于规律地发展，更好地为社会主义服务。”他明确提出评弹艺术的本体就是讲故事：“苏州评话、弹词注重故事，都是讲故事的艺术，是口头语言艺术，是叙事性文学。”（148、149页）这种质的规定性，决定了评弹的艺术规律：以长篇为主，以说表为主。事实上，评弹的发展史就是一代代演员说长篇的历史。长篇书目是评弹传播与传承的根基，也是评弹流派的载体。周良在本书中有三节的标题同为“短长录”，记载着“大跃进”、1963年后大写十三年和以阶级斗争为纲时期以及“文革”结束后至今的长短之争。“大跃进”时期评弹在“为政治服务”的旗号下，刮起了创作开篇、中短篇的浮夸风，“在过去的资料中记载着评弹界的长短之争，言辞很激烈。甚至说，长短之争是方向问题，是文艺是否为工农兵服务的问题。还听说，有因为说了评弹要以长篇为主，被错划为右派”（19页）。所以，对于评弹艺术特征的歧见，除了认识上的问题外，更为主要的是“左”的文艺思想的

影响。周良在“检讨‘左’的文艺思想”一节中辩证地指出：“强调文艺配合政治宣传是短期的观点。文艺宣传工作有一定作用，但文艺作品的作用要着眼于长远，作用于思想、美学和道德建设。意识形态方面的作用是长期的。”（125 页）而“左”的文艺思想是短视的，是用“政治干预艺术”。1965 年上半年，当时华东局一位领导人，对评弹工作发表了一次讲话，说评弹要“以中短篇为主”。有的评弹团体紧跟着提出“以演出中、短篇为主，整理传统书目，打算将长篇分成若干中篇”。当年的夏天，周良列席中共苏州市委的一次常委会议，会议的内容主要是传达上述领导人的讲话。当时主持会议的市委书记强调“评弹长篇是为遗老、遗少服务的”。讨论环节，市委书记点名让本不想讲话的周良发言。周良在此情形下不能不讲，但又不想说假话，只得说了两点真话：“一点是对评弹听众的分析，听众的大多数是工人、农民、手工业者、职员，和少数知识分子。各地书场，听众组成的比例不同，但这些人占大多数。剥削阶级分子及其家属，包括遗老、遗少是少数人。第二点，从书目的创编和积累、演员的调度、经济负担等多方面看，评弹演出以中短篇为主，是有困难的，难以实现的。”（48—49 页）然而就是这样的讲话，让周良在劫难逃，成为其“文革”中受批判的主要内容。当时报上如是云：“周良在会议上还公开提出要以长篇为主的谬论，和党唱对台戏，继续反对文艺为工农兵服务的方针。”[1] 现在回顾起来，周良说：“1963 年以来的那股左风，我发觉是势不可当的。”（48 页）经过“文革”十年浩劫，到 1978 年开始恢复传统书时，很多长篇书目已失传，有的评话演员只能说长篇中的一两回书。这是评弹走衰的主要原因。这并没有引起文艺领导部门的警惕，由于“不了解评弹艺术的历史、

1　勇言红：《彻底清算周良的反革命罪行》，《苏州工农报》第 3 版，1966 年 9 月 11 日。

特点和发展规律，有急功近利的思想和政绩观念”，“加上忽视长篇书上的建设”（186 页），直到现在各地领导部门仍是年年制造“为奖而生，得奖而死”（188 页）的中短篇，制造轰动效应、泡沫繁荣，而不愿做艰苦的基础性的工作。周良把他对长短之争的思考作了归纳：“长篇演出为苏州评弹的存在形式（或主要存在形式）”，长篇“是为听众服务的主要手段”，“苏州评弹的长篇连说形成了自己的艺术特点（包括文学特点）”，“苏州评弹的长篇是艺术积累、提高的载体，是形成流派的基础，也是出人、出书的基础”，“长篇书目的兴衰决定评弹艺术的存亡”。（187—188 页）在长短之争中，周良又是辩证地看问题的，他认为“中篇作为一种演出形式，有其特点，但不能把所有的评话、弹词的演出变形、变性、变异”（96 页）。

由长短篇之争又引出评弹是曲艺还是戏曲之争。周良指出评弹与戏曲是有着质的区别的：“说评弹是讲故事的，还是为了区别于戏曲的‘演’故事。”“讲和演是曲艺（包括评弹）和戏曲的本质区别。”“要让评弹演员明确说书不是演戏，形象不是‘做’出来的，是演员用娓娓动听的细致描写启发、帮助听众自己创造的。”（150、152 页）我们知道，戏曲的特征是现身说法，有着严格的程式；而评弹属曲艺，是说法现身的语言艺术。但是，评弹与戏曲的边界，却被有意无意地模糊，乃至磨灭。甚至有人提出评弹的艺术本质就是戏曲，动摇着评弹的根基。周良分析造成评弹戏曲化的原因：“在‘左’的思想、急功近利的观念影响下，过度地提倡中篇，观念便异化了艺术；而‘左’的实践又异化了自身的观念。中篇和一些评弹演出中的戏剧化倾向，使一些人以为评弹是‘戏’。”（124 页）中篇的脚本化，演员成了特定的脚色，一字一句都由脚本事先规定，甚至对白都可以打出字幕来。这当然不利于演员的随意发挥，从而使评弹的特色和灵气荡然无存。周良进而指出“评弹为语言文学，演出应以长篇为主，叙述和描写是说书人启发听众的想象力以创造艺术形象。评弹的戏剧化倾向是想把故事和人物做给听众看，离开了艺术自身的特点，是吃力不讨好、难以奏效的"（152 页）。明清以来，在江南天地灵气的滋养下，评弹艺术在说书人、听书人和写书人共同的创造、磨合中，形成说噱弹唱、以说表为主的表演形式。陈云同志多次提出说表的重要性。早在刚恢复听书的 1959 年，陈云就认为："评弹是说书艺术中最细致、精炼的一种，特别是具备了说表的特点。"[2]"文革"后，陈云说："评弹不是戏剧，可以先做个拿木板的动作，然后用说表来描写，听众是会知道她一直拿着木板的。"[3] 评弹界很多人士也都讲过，"说是最重要的"。但是，近年来中篇评弹演出戏曲化、脚本化倾向愈演愈烈，部分艺人表演说书成了演戏，演员的口述叙事（讲故事）被严重削弱了，评弹的艺术本质被扭曲了。周良认为："中篇作为一种演出形式，有其特点，但不能把所有的评话、弹词的演出变形、变性、变异！"他还强调，在评弹戏剧化的过程中，对评话的冲击特别严重。周良指出："中篇演出中，曾经有过评话演员参加，这等同于一个弹词演员把评话湮没在弹词之中，后来有了'合流说'。"（125 页）"现在，仍有人说评话已经与弹词'合流'，置评话于何地？"（74 页）评话的边缘化正是评弹戏曲化的严重后果。

周良建构的评弹艺术理论是体系完整而内涵深刻的。从上述两个核心问题出发，还涉及评弹艺术的方方面面。例如他从评弹曲艺的属性出发，指出评弹有着"各家各说"和"常说常新"的"变异性"，"传统书目和传统表演艺术在竞争中实现各家各说、常说常新，是提高的过程，是创新、发展的过程。这是评话、弹词艺术的发展规律之一"（147 页）。

---

2 《陈云同志关于评弹的谈话和通信》（增订本），第 4 页，中央文献出版社，1997 年。

3 《陈云同志关于评弹的谈话和通信》（增订本），第 4 页，中央文献出版社，1997 年。

同时，他又强调了“继承传统，应该注意保持传统艺术及其形式的稳定性。没有了传统艺术的稳定性艺术就不能积累、提高，也不能实现‘评弹要像评弹’”。（124页）这里是变异与稳定的辩证统一。

周良在探索评弹艺术规律的过程中，既认真学习、贯彻陈云同志的有关文艺思想，又在继承中有所发展。例如在1981年4月5日，陈云在与上海评弹团相关人员谈话时曾经指出：“不要让青年就评弹，而要让评弹就青年。”[4]认为评弹要拓宽自己的受众面，不能忽视青年听众的感受。但是，周良认为在评弹就青年的同时，也应该让青年就评弹。他深刻地指出，评弹“一旦成为市场上的叫卖声，就失去了自己”。因此，相对于“上座率”，周良更关注评弹自身的艺术属性，关注评弹更长远的发展。在面对评弹革新的新话题时，周良一方面鼓励评弹与听众的双向交流，要求评弹适应时代的变化，勇于创新；同时，在另一方面他针对艺术与听众的矛盾，提出评弹不但要“创造适应时代和群众要求的作品，同时也创造‘能够欣赏美的大众’”[5]，即评弹的革新并非被动的，而是寻找一种互动，寻找一种双向适应的机制，不但要让评弹顺应时势，而且要让评弹保持传统艺术及其形式的稳定性，防止向戏曲发展的变异。

评弹是语言艺术，演出应以长篇为主；评弹是说书，不是演戏。评弹的艺术特征是明白而又浅显的，然而我们常常在理论与实践上反其道而行之，评弹仍在一步步走衰。评弹界不重视理论的问题十分严重。“我们要求演员懂得一点评弹的理论，了解一点艺术规律，但不是很多演员都会对理论产生兴趣的。从事艺术领导工作的、艺术团体的领导人员应该重视引导，这是他们的责任。但也取决于他们的重视与否及他们本身

---

4 《陈云同志关于评弹的谈话和通信》编辑小组编：《陈云同志关于评弹的谈话和通信》，第106页。

5 周良：《再论苏州评弹艺术》，第179页。

的水平和素质，很难强求。”（158页）同时，我们还应该看到，导致评弹走衰最根本的原因是“左”的伤害。周良指出：“总结新中国成立以来的评弹工作的经验教训，认识‘左’的思想和文艺政策对工作、对艺术事业的伤害，是很重要的。而且，可以说，这种认识现在还是不够的，还不能说我们对‘左’的危害已经有了充分的、足够的认识。为了保护苏州评弹艺术，为了克服面临的困难和存在的问题，我们应该继续提高认识，克服‘左’的思想对艺术事业的束缚和危害，继续解放思想。”（128页）清理各个时期“左”对评弹的危害，认真在实践中学习理论，在学习理论的过程中贯彻到实践中去，一切按艺术规律办事，让评弹永远姓“评”，这应该就是周良先生不懈探索评弹艺术理论的用心所在。

读《伴评弹而行》，我们读到了周良先生研究评弹理论的求真精神、坚持真理走正路的人格魅力。周良先生不仅是一位优秀的文艺工作管理者，还是一位可敬可亲的学者、长者。

当代苏州评弹艺术发展的“图景志”及学术研究的“口述史”

——周良《伴评弹而行》读后

吴文科

周良先生是现代苏州评弹研究的名宿和大家。资历深，成就大；德望高，贡献殊。某种意义上讲，没有他在近半个世纪以来的坚守与努力，包括组织和带领，苏州评弹即苏州评话和苏州弹词的研究状况，可能会与其他许多的曲艺品种一样，依然未能形成相应全面和较为深入的学术气象。

正是由于有了周良先生，苏州评弹的研究工作才具有了今天相当良好的开展基础。比如，以他为核心，在苏州以及苏浙沪地区乃至全国范围，联络形成了一支人数不多却坚韧专精的老中青三代苏州评弹研究队伍，也为苏州评弹研究走出本土、扩大视野培育出良好的学术传统；再如，在他的努力下，从1979年起，专门刊载苏州评弹研究文章的学术集刊《评弹艺术》得以坚持编辑和印行，给苏州评弹的学术研究提供了一个十分难得的交流平台；又如，由他牵头整理并组织编纂的存留了绝大多数苏州评话和苏州弹词曲本的文献资料丛书——“苏州评弹书目库”，以其七辑共三十余种洋洋逾千万言的丰硕内容，囊括了几乎所有比较经典的传统曲本，为保存和传承苏州评弹的艺术遗产奠定了比较坚实的资料文献基础；同时，他还以他的勤奋刻苦与坚持不懈，为苏州评弹的研究，奉献出了独著12种、合著3种、编纂（主编）31种的丰富学术成果，成为现代苏州评弹研究的重要奠基者和名副其实的学术带头人！尤其是在年届九秩的今天，周良先生依然精神矍铄地在为苏州评弹的研究事业忘我地辛勤劳作着。如果没有一种崇高的精神与深挚的情怀，没有一份特别的责任与自觉的使命，是很难具有如此了不起的造化与成就的。周良先生的学术人生，因而成为一道令人景仰又引人入胜的思想风景。

周良先生是如何开始他的苏州评弹研究并作出如此重大的学术贡献的？其间有着怎样的历程与奥妙？这也是许多关心苏州评弹研究及周良先生本人的人都会提出的问题。随着周良先生的回忆录《伴评弹而行》2015年6月在商务印书馆出版，对于这些问题的了解与探究，可以说有了一个比较可靠的观察检视窗口及资料文献支点。

换句话说，读了《伴评弹而行》，许多关于周良先生成功人生和学术成就的谜一样的问题，便不难找到答案；许多富有当代苏州评弹发展研究史料价值的人物和事件，随着他的述说，鲜活地浮出水面；这位知名学人启人心智的学术足印,由此而在我们的面前徐徐展开并不断延伸。正如该书封底的一段文字所言："这是第一部由评弹管理者完成的著作。采用回忆录的记叙形式，撰写了作者伴评弹而行近一个甲子的历史。本书从邂逅评弹曲种、探讨评弹艺术和梳理评弹历史三个方面，讲述了自己与评弹相识、相知、相伴的历程，勾勒出20世纪下半叶以来评弹艺术在曲种管理、规律探讨和团体发展上的全貌。全书呈现出作者从资料入手到理论升华这一研究评弹艺术的学术理路，也树立了前辈学者严谨治学的典范，是评弹研究的一部不可多得的作品。翻阅全书，如同听一位在艺术之路上行走一生的老人娓娓讲述他历经坎坷的生命故事，其间交错掺杂着其对评弹艺术的深厚情感、深刻理解以及对后人的期望。"

诚哉斯言！《伴评弹而行》的确具有如此多重的阅读兴味和别样独特的学术品格。

首先，这是一幅富含哲理意味的人生图景。从中既可看出人生的曲折无常，也可看出追求的必然轨迹。周良先生年轻时，在大学里修的是财会专业，是组织的安排与工作的需要，使得专业很不对口的他，偶然间走近了评弹。而干一行、爱一行、钻一行、成一行的人生理念及追求，最终培育了他对苏州评弹艺术的学习和思考兴趣。其对工作的负责、对艺术的敬畏和对生命的珍视，又使他从未虚度年华，并在始终不渝地坚持和积累中，最终成就了事业的辉煌。周良先生透过这部回忆录给予一般读者的，应是一个人如何对待自身生存、生活与生命时，积极进取而非怨天尤人的朴素哲学。

其次，这是一个深具启示意义的学术历程。从中不难发现成功的主要奥秘，以及幸福的根本源泉，包括长寿的养生窍门。学问是世间较难做的一种事情。不仅要靠必要的条件和基础，而且要靠相应的勤奋与努力，同时要靠持恒的积累与坚持，包括独立的人格与思考。其间蕴含的，不只是劳作的拼搏与努力，更需有特殊的品性与毅力，尤其要具备甘于寂寞、乐于清贫、淡泊名利、专心致志的思想品格。所谓“非淡泊无以明志，非宁静无以致远”。而这些品格，周良先生显然都具备了。细读《伴评弹而行》，我们不难从其字里行间，体味出这些非常可贵的清逸之气。而从作者随处可见的温厚感念与时时流露的刚直针砭之宽严对比中，也可窥见其为人为学的“厚道”与“地道”；对事而不对人，重情而不弃义。

再次，这是一组蕴藉鲜活史料的历史背影。从中可以阅知并咀嚼出五味杂陈的人生况味，窥见历史风尘与社会万象中的思想风云，更于个体生命回顾陈述的“穿针引线”中，织出评弹研究的曲折路径。虽然作者回忆的视角主要围绕自己与评弹的关联展开，但所勾连并映射的事象场景，无不充溢着时代变迁的复杂气息，浸染着社会环境的历史底色。就连一些颇为敏感的话语议题，在考验作者智慧的同时，也释放着一位学者的勇气。《伴评弹而行》的诸多回忆，在许多看似刚性的历史认知中，由于叙述角度的细微和具体，焕发出蕴藉鲜活的感性光彩。许多微妙的认识表达，因此完全可以透过意会实现而无需多余的言说。

更重要的是，作为一部堪称当代苏州评弹艺术发展“图景志”和学术研究“口述史”的回忆录，其间蕴含的诸般品格，正应了一句老话——“文品即人品”，且在这方面带给我们的阅读感受尤为深刻。顺手列举，以为品鉴。

一是回顾不忘感恩。比如 16 至 17 页“读书”一节述及关于他苏州评弹研究的第一部成果时，明确指出：“《苏州评弹旧闻钞》的成书得到了许多同志的帮助。”接下来，除感念著名俗文学家赵景深教授的首肯与鼓励，还一个不落地特别提到了俗文学家路工，苏州弹词作家邱肖鹏，友人臧炳跃、江澄波、洪子元、叶瑞宝和儿子周汉平等在文献提供、资料搜集、书刊核查、抄录校订等方面的具体协助。以此感怀和鸣谢成功路上得到的助益。而在开卷的“走近评弹”和“学习评弹”两节中，对于引导他走上评弹管理和服务工作岗位并给他学习、了解和开始研究评弹艺术以重要影响和支持的老领导、老同事、老艺术家如诸汉文、钱璎、曹汉昌、唐耿良尤其是早期合作者潘伯英，有着深情的述说与深切的感戴。点滴不漏，礼敬有加。

二是居功不去掠美。比如 14 页写到赵景深曾主动为其书稿《苏州评弹旧闻钞》作序并在初稿中称该书“为鲁迅的《小说旧闻钞》的姐妹篇”。但周良以自己是“学习鲁迅先生的《小说旧闻钞》的体例，仿照他的体例编的”为由，恳请赵先生改掉了这句话。而在第 35 页“做笔记”一节述及“我在编写《苏州评弹旧闻钞》的过程中提出了‘拟弹词’一词”的发明与贡献时，也老老实实地交代：“‘拟弹词’这一称谓，是仿照‘拟话本’而来的。”因“鲁迅先生称文人仿作的话本小说为拟话本”，我也“就把文人仿作的弹词本叫作拟弹词”。谦虚恭谨，可见一斑。

三是总结不避检讨。《伴评弹而行》无疑是对自身苏州评弹研究历程的梳理和总结。可贵的是，周良先生时刻保有一份真正学者的理性与清醒。通篇回忆，不止于对经验的总结，更注重对不足的检讨。如第 139 页述及其对“苏州评话、弹词书目的研究”时，不乏诚恳地指出：“总的来说，我对评弹书目的研究，思想分析多，艺术分析少，这是不足之处。”在231—232页谈及自己的学术得失时，也很坦荡地指出：“我不是研究文艺出身，根基浅，理论准备不够。”“而且我的工作处所和地位，使认识受到局限，束缚了思考。”同时坦言，“看的‘书’多，听的‘书’少，使我对表演艺术的研究不足”，“对弹词的音乐也少研究，因为所知甚少”，从而使得“研究缺乏系统性”。这使我们不禁联想到孔夫子的名言：“知之为知之，不知为不知，是知也。”周良先生的此类自我检讨，庶几属于“圣人”一类的自省。

四是议事不落论艺。《伴评弹而行》虽属回忆录，却不仅仅停留于叙事。围绕人物和事件所作的种种回顾，都能紧扣对于苏州评弹艺术发展及学术研究的思考与讨论。比如：120页谈及苏州评弹的社会功能及与听众的关系时，不无辩证地指出“评弹为听众服务”，要“在市场上接受群众选择，适应听众需求，满足他们的娱乐要求。满足了听众要求，对他们有益，也就实现了为人民服务”。“生硬灌输，文艺就会脱离群众。免费服务，也不一定受到欢迎。艺术水平的降低，降低了文艺的作用。急功近利，忽视继承传统，盲目创新，会使艺术变异、消亡”。180页引述著名美学家王朝闻先生上世纪80年代在《黄鳝不是泥鳅》一文中的观点，对那些假借创新之名，消弭曲艺包括苏州弹词自身特征与优长的做法，给予严肃的抨击：“忽视说唱艺术，那种不同于非说唱艺术的特殊性——以少胜多、以小见大、虚中见实的特长，硬要向别的艺术种类看齐，结果也许不免是自己否定了自己的独特性和独立性。”而316页附录中所收访谈文章中“相对于盲目创新，坚守有时更积极；相对于变异，保守是可取的”等等观点，同样焕发着深刻的思想光芒，不啻为当今异常浮躁的喧嚣时代传统艺术健康发展的警世之言。

五是述往不失鉴今。如9页谈到他与潘伯英合作整理《评弹口诀》并对其中的“大书一股劲，小书一段情”“大书怕做亲，小书怕交兵”等的内涵理解时，关于“现在，有人说，评话、弹词的不同，仅仅是有唱、无唱的不同而已。难道弹词的脚本、表演，只要去掉唱，就成了评话？”的反问式论述，实乃黄钟大吕，切中肯綮！140页述及自己既往“苏州评话、弹词书目的研究”时，关于“现在，其他艺术门类的‘戏说’‘穿越’也在侵袭评弹。古代人说现代人的话，有现代人的思想，将使传统书变得不伦不类。出现这种现象，说明演员的思想文化水平要努力提高”。这种时刻不忘“以史引论”并“述往鉴今”的思想观照，流露出的，都是一个为了苏州评弹的健康持续发展而孜孜矻矻的正直学者心向事业又诲人不倦的一片赤诚！

同时，作为一本围绕个人关于苏州评弹的学术研究工作所集中展开的具有相应“学术史”意义的专门回忆录，在其分专题述说即按照诸如“走近评弹”“学习评弹”“读书”“做笔记”“短长录”“交朋友”“检讨‘左’的文艺思潮”“苏州评话、弹词书目的研究”“研究苏州评弹的艺术特征”“研究苏州评弹的历史”“编《评弹艺术》”“编著杂记”“忆陈云同志”“‘非遗’保护”“伴评弹而行”等等的分节回顾中，不仅较为全面地回顾和总结了自身半个多世纪以来对于苏州评弹艺术的学习和研究历程，而且十分细致入微地从本人的切身感受出发分析检讨了苏州评弹研究在当代的困难与不足，也为我们勾勒并复原了诸多富有历史

意味且真实可感的学术图景与人事场景。其间蕴含的丰富史料文献价值与鲜活学术研究启示，相信对于今后的苏州评弹研究者及其研究工作，定会带来诸多的启迪与帮助。

总之，《伴评弹而行》作为上海师范大学“中国近代社会研究中心”唐力行教授领衔开展的国家社科基金资助重大项目“评弹历史文献整理与研究”暨上海市哲学社会科学规划重大项目“评弹资料整理与研究”的一项重要成果，以及“评弹与江南社会研究丛书”的一个组成部分，其史料文献价值是非常独特的，学术品格也是十分鲜明的。虽属一个学人的个案回忆，实则“窥斑见豹”“滴水见阳”，折射出20世纪后半期苏州评弹事业发展尤其是学术研究工作开展的曲折历程与积累过程。并且以其鲜活可感的生命体验，透过独一无二的个体述说，挥发着灼热的体温，跃动着鲜活的脉搏，伴随着坚毅的心律，洋溢着丰富的表情。就连其中不免干巴和艰涩的一些学术述介，也因人物的身影和事件的场景，变得立体可感，不那么无趣。再加上行文简明而朴素，意味平淡却深沉，更使通篇回忆亲切可感又真切可信，一如周良先生的为人，也切合学术成果的风神。

胡磊蕾评弹创作评论专辑

用浪漫主义情怀关照现实生活

——在胡磊蕾苏州评弹原创作品研讨会上的讲话

黄　群

在曲艺创作乏力的大环境中，胡磊蕾同志是一位不可多得的有热忱、有才情、有追求的青年曲艺作家，是曲艺创作的中坚力量，为评弹乃至曲艺事业发展贡献了诸多兼具思想性、艺术性、观赏性的精品佳作。创作是文艺工作者的中心任务，作品是文艺工作者的立身之本。今天，在习近平总书记主持召开文艺工作座谈会发表重要讲话两周年之际，我们分析胡磊蕾同志的评弹创作道路和创作成就，就此探讨评弹乃至曲艺创作可资借鉴的经验做法，是一件非常有意义的事情。

作为一名从20世纪90年代末就开始走上评弹创作道路的70后曲艺作家，其创作的每一部作品都屡获大奖、票房不俗，不仅得到了专业的认可，更收获了市场的喜爱，仅这一点，就足以让业界同行所羡慕。在今年的第九届中国曲艺牡丹奖评奖中，面对全国性文艺评奖改革后奖项数额大幅缩减、评奖竞争异常激烈的全新情况，由其创作的中篇苏州弹词《徐悲鸿》又一次脱颖而出，荣获节目奖，这已经是她第四次获得这一曲艺专业最高奖了。每一个成功的背后都有其内在的必然。我感到，胡磊蕾同志之所以能够赢得一项又一项殊荣，除了其自身的努力和才气，还得益于四个方面的原因：

首先，科班演员的身份让其创作更具表现力。艺术实践中，创作和表演是两位一体，创作者要懂得演员表演在哪些地方有发挥空间，才能保证作品在演员的二度创作中焕发出应有的舞台生命力，演员也要具备一定的创作能力，才能使得表演在实践的不断打磨中绽放出更加动人的舞台表现力，如果创作者不懂表演，演员不会创作，作品到了舞台上就是一潭死水，没有活力，更无法吸引人、打动人。这在曲艺艺术中尤为突出。曲艺以说唱为主要艺术手段，具有很强的叙述性和即兴性，历来就有演员能写、作者能演的优良传统，无论是侯宝林、马三立、骆玉笙等老一辈表演艺术家，还是老舍、夏雨田、朱光斗等老一辈曲艺作家，无一不是集表演和创作于一身。当前曲艺界崭露头角的年轻一辈也莫不是如此。胡磊蕾就是其中的一个代表。专业评弹演员出身，让她能够带着表演状态进入创作，身入心入情入，创作出来的作品天然具有舞台性、可演性，这是她比一般曲艺作者有利的地方。

第二，扎实的理论素养更好地指导滋养了其创作。艺术理论是艺术实践的科学总结，凝聚着前人的经验教训和智慧心血，可以帮助创作者更好地把握创作规律，对艺术创作起着重要的指导性作用。而艺术创作本身又是一种高度自觉的实践活动，创作者的艺术理论水平直接制约着艺术作品的质量，对于艺术创作风格的形成也具有重要影响。但凡青史留名的曲艺家，无论哪一个曲种，总是自觉开垦理论沃土，留下许多有益总结，不断反哺艺术实践，保持了长青的艺术生命。大家都知道，相对其他姊妹艺术而言，曲艺理论显得有点单薄，这就需要我们在更加珍视这有限财富的同时，多一份理论探索的担当。我们看到，胡磊蕾同志身上展现了这种难能可贵的理论自觉。从苏州评弹学校，到苏州评弹团，到南京艺术学院、南京大学，她一次次刷新自己的专业学历，一次次汲取高等教育的理论营养。她注重在实践中总结，在思索中前行，撰写的《曲艺批评的价值与尊严》一文，被评为第三届中国曲艺高峰论坛优秀曲艺理论文章。正是在她不断地自我充实中，其情节架构、人物塑造、细节设计变得精巧独到，整个创作实现质的突破。

第三，丰富的跨界背景极大扩展了其创作空间。在当前文化交流交融交锋日益频繁，人们娱乐方式更加多元、审美要求更加多样，艺术发展趋向综合化的大背景下，我们只有坚持兼容并蓄、守正创新才能寻求现实条件下的新发展。纵观整个曲艺史，曲艺艺术本身也是在不断地交流碰撞融合中形成发展的，曲艺又说又唱的艺术形式就是受到唐代外来的“变文”影响而逐步形成确定下来的。我们知道，胡磊蕾不仅仅是评弹作家，还从事戏剧创作，这样的专业背景让她的艺术理念更具包容性，也有条件、有能力借鉴吸收其他艺术门类的创作理念和表现手段。她有意识地探索不同曲种之间的合作，将评弹和快板两种风格迥异的曲艺样式进行嫁接，创作快板评弹《生命的价值》，赋予其更加鲜活的形式及内涵。她借鉴姊妹艺术，在中篇弹词《绣神》第二回，运用电影蒙太奇手法，突破了传统评弹一回书只有一个场景的限制，极富张力地呈现了沈寿、余觉决裂和张謇舌战群商的两个场景。她还大胆尝试曲艺与其他艺术的融合，将苏州评弹融于传统戏曲中，创作评弹音乐剧《茉莉花开》。这些探索和创新，有助于其艺术手段的丰富和创作空间的拓展，结下了累累硕果，得到了业界认可。

第四，浓厚的评弹文化氛围让其创作如鱼得水。良好的创作环境是优秀文艺作品涌现的必备条件，一部文艺精品的形成与主创者密不可分，却也离不开其背后的无数推手，这涉及政府支持、领导重视、市场需要、群众喜爱、人才保障、有序竞争等方方面面。在这一点上，苏州评弹得到了特别的眷顾，其境遇是其他很多曲种可望而不可即的。特别是在其发源地苏州，苏州评弹更是作为一张最大的文化名片得到重视、普及和传扬。这里有陈云同志亲自关心的、全国唯一的为一个曲种而建立的苏州评弹学校，成为江浙沪评弹人才的主要摇篮；苏州各级乡镇、街道无处不在的公益性社区书场，熏陶培育着百姓的评弹素养；还有苏州评弹团，乃至江苏省曲协，为评弹的发展开出一剂又一剂卓有成效的良方。这些都为生在苏州、长在苏州的胡磊蕾提供了极大的施展才华的空间。无论是在创作题材的选择，还是作品故事的打磨、表演团队的组建上，无一不依赖于此。正是这样一个众家合力形成的健康生态孕育了诸多优秀评弹作品，成就了以胡磊蕾为代表的优秀评弹人才。

一名成功艺术家应当兼具台上能表演、台下会创作、张口出理论、身旁有观众、为人立品德等优良素养，为什么胡磊蕾的很多作品既叫好又叫座？无论是《绣神》，还是《赛金花》《雷雨》《徐悲鸿》等等，总能同时俘获专家和观众的心？这些作品究竟好在哪里？我认为有以下几个特点：

一是具有深厚的生活底蕴。千百年来，曲艺之所以受人民欢迎和喜爱，重要的原因就是它说的是老百姓的话、讲的是老百姓关心的事，通俗易懂、紧贴生活。胡磊蕾评弹作品讲述的多是江浙地区老百姓熟知的历史人物，以及现实生活中一些小人物的故事，在题材上与观众具有先天的亲切感。她注重生活体验，深入故事一线探访，坚持用浪漫主义情怀关照现实生活，不断提炼故事精华，使之源于生活又高于生活，兼具生活的真实性和艺术的审美性，能够让人身临其境、深受感染，达到雅俗共赏的效果。

二是遵循了评弹的艺术规律。任何艺术都有其特定的创演规律，评弹也不例外，其艺术手段可以用“说噱弹唱演”五个字来概括，在审美追求上讲究“理、细、趣、奇、味”。胡磊蕾的评弹作品借鉴了很多其他曲种以及姊妹艺术的表现手段，但都是在坚持评弹艺术本体前提下进行的创新。另外，她的作品在“细”上尤其值得称道，其唱词尤其擅长人物的心理刻画，细致入微，能够让人产生“同情”共鸣。例如，《绣神》在史料里可能只是三五页纸的叙述，在弹词中要有三四十分钟的演绎，作品对人物复杂的心理状况进行了充分的铺陈，使得故事情节更加丰满、人物形象更加立体，达到了良好的艺术效果。

三是体现了较强的文学性。评弹的文学性、艺术性是以精到的叙事、状物、抒情、说理构筑起来的，这也是不同作品立见高下的重要标准。胡磊蕾写作经验与人生阅历颇为丰富，因其对生活的深入观察体悟、对古今中外文学的大量涉猎，以及丰沛的诗词创作经验，形成了丰富的艺术与美学敏感。《徐悲鸿》就堪称是融美学理念和中华精神为一体，无论是叙述语言还是故事内涵上，都不落俗套，受到徐悲鸿夫人廖静文的首肯，并代表苏州评弹首次登上了中国国家大剧院的舞台。

四是把握住了当下观众的审美心理。陈云同志曾提出，“评弹要就青年”。而没有好的内容，没有“就青年”的新节目、新方式、新场子，评弹就只能走向老龄化，因此，吸引青年一定要在方法手段上有所创新。胡磊蕾创作的《赛金花》《雷雨》《徐悲鸿》等节目之所以能够在市场上、在校园里受到欢迎，正是因为其抓住了现代年轻人的审美心理，无论是这些人物故事本身，还是所选取的情感题材都是年轻人的兴奋点所在，而且尽量用年轻人的思维方法和语言来叙述，赋予了作品鲜明的时代气息，给人耳目一新的感觉，从而引发年轻人的共鸣和赞赏。

今天，评弹界的艺术家、专家学者就胡磊蕾同志的创作道路和作品特色进行研讨，这是对她之前创作工作的一次小结，也是对她今后创作事业一次有力的助推。我相信，研讨会的召开不仅对她本人创作，乃至对当前评弹创作、曲艺创作也会产生一定的借鉴意义。最后，希望胡磊蕾同志进一步关注当下现实生活，坚持以人民为中心的创作导向，不忘初心，吐故纳新，继续在创作上不断取得新的突破，为喜爱她的观众奉献出新的优秀作品！

点赞中篇弹词《徐悲鸿》

朱寅全

唱响主旋律，传递正能量。

在习总书记文艺工作重要讲话精神鼓舞下，文艺工作迎来了春天。我们评弹创作上，在“二为”方向和“双百”方针指引下，新苗、新秀不断成长，胡磊蕾是其中比较突出的一位。

上世纪 90 年代，胡磊蕾从苏州评弹学校毕业后，曾有一段时间走上书坛，实习演出。后又在南艺戏剧文学、南大中文系学习，入选全国首届文艺评论骨干，参加研修班，赴国外考察、培训，生活实践和理论基础不断丰富，不断拓展自己的创作道路，写了不少长篇、中篇、短篇、开篇。在评弹全方位创作中，各种文艺形式同时施展，在滑稽戏、舞剧、微电影、苏剧等方面取得了很多成绩，连连获奖，值得高兴和庆贺，也值得我们学习。当然，她的主业还是坚守在评弹创作上，她写的评弹长篇《赛金花》，中篇《绣神》《徐悲鸿》《雷雨》，开篇《蘩漪悲歌》等等，有的是原创，有的是改编。当然，改编也是再创作，硕果累累，是评弹创作的知名作家、中坚力量。

由于接触、联系、学习的机会较多，我今天重点谈谈她的中篇《徐悲鸿》的写作。

我是最早看到《徐悲鸿》原稿的人之一，我一下子就被吸引了，后来参加了中国曲协在北京召开的座谈会，在江阴演出时又去现场看了，后听了演员们的演出座谈。再至 11 月在上海看了《徐悲鸿》参加第九届中国曲艺牡丹奖演出时的一个折子，即袁小良、王瑾演出的《夫妻反目》。我是评委之一，有一些比较深的体会。

《徐悲鸿》这个中篇，有几个特色：

一是徐悲鸿是宜兴人，由无锡市曲协特约组稿（宜兴隶属于无锡市）。这位画坛巨擘，是中国近代杰出的艺术家。他留法八年，回绝了高薪的约请，在中国抗日救国的非常时期毅然回国，他的生活道路是曲折的，他的爱国之心是深切的。中篇分别以《诚邀》《义教》《反目》《情归》四个曲目，描写了他的一生，融中华精神和美学理论为一体，将他的坎坷与辉煌先后展现，给听众上了生动的一课。从文学创作角度说，这是一个纪实文学作品；在曲艺，特别是评弹创作方面来说，也是一篇传记作品。既要真实化，容不得重大虚构，也要艺术化，不能平铺直叙，写作难度较大，胡磊蕾将它艰苦完成，这是件不容易的事。

二是中篇中涉及许多重大任务、重大事件。如与齐白石、梅兰芳结成知交，奔走相救当时被捕入狱的爱国人士田汉，描述了徐悲鸿正直刚毅的品格；由于环境的变化，他与结发妻子蒋碧微思想感情上的激烈交锋，最终破裂而分手，后与廖静文的忘年之恋，圆满告终。故事展开顺畅，情节生动，人物描写到位，写作上也是独具匠心。

三是中篇将国情、友情、画情、爱情四种感情，有层次地交织在一起，描述了徐悲鸿这位画坛宗师为国家兴亡的赤诚壮怀，冲破了为情所困的痛苦迷惘，细腻地从不同侧面、不同角度，有血有肉地塑造了性格鲜明的人物形象。

四是整个中篇文学性较强，特别是唱篇。举一例：徐悲鸿的三顾茅庐，请齐白石出山到大学里上讲台，一档唱片情深意切：

……

先生啊，

我敬你，诗书画印无不绝，

妙笔轻点万象新，
不走庸人寻常路，
独领风骚辟蹊径，
墨叶红花添诗情。
先生啊，
我慕你，为万虫来写照，
替百鸟齐张神，
一花一叶扫万尘，
墨海灵光色缤纷，
风轻云淡性天真。
先生啊，
我望你，授技艺，带门生，
育桃李，铺绿荫，
笑看后浪没前人，
喜迎画坛满园春。
……

一个“我敬你”，一个“我慕你”，一个“我望你”，情深深，意切切，加上梅兰芳在旁帮腔，终于让齐白石出山上课。

五是汇集了上海、江苏一批评弹名家，加盟演出。如上海评弹团团长秦建国，知名演员沈仁华，艺苑新花黄海华，苏州著名演员袁小良、王瑾，吴中评弹团新秀陈琰，他们都师出名门，流派纷呈，对剧本增光添色。红花绿叶，相得益彰。袁小良、王瑾演出的《夫妻反目》一个折子，进行了加工，锦上添花，珠联璧合，配合默契，十分动人。

由于无锡市评弹团大部分演员都已退休或转业，无锡市曲协就这些本土题材邀请多方名家，说、噱、弹、唱、演比较到位，使评弹艺术展现了新的魅力，还受邀进京演出，对无锡曲艺界也是鼓舞和促进。据说有关领导已经表态，要恢复无锡评弹团，这是件好事情。最近他们又组织编写了评弹《徐霞客游记》，已寄给我，我正在阅看。

中篇《徐悲鸿》比较圆满、成功。当然不是十全十美，我觉得有些地方还可以研究和商榷。我个人水平有限，虽然搞了不少评弹作品，但现在跟不上时代脚步，缺少时尚的眼光，仅提出几点希望：

一是徐悲鸿这个题材是真人实事，不能凭空捏造，也不能无限拔高，在文学作品中是一种报告文学的形式。中篇在结构上还可以调整，在细节安排上还可以通过倒叙、回忆的手法，避免平铺直叙。当然，徐悲鸿事迹的容量，不是一个评弹中篇可以完成的，碰着此类题材能不能选择一个时间，从评弹的理、细、趣、奇、味的角度去塑造，更能打动听众。我说说是便当的，做做是很难的。胡磊蕾已经作了很大的努力，翻阅了几百万字的资料，修改了好多次，十分勤奋努力，有的作品已经修改了七八次，我是从更高要求，也是一种苛求了。

二是希望扩大创作面，发扬时代气息。特别要学习习总书记在文艺工作座谈会上的讲话精神，为人民抒写，为时代放歌，聚焦中国梦，弘扬社会主义核心价值观，深入生活，吸取营养，把江苏和苏州“强富美高”的时代精神，通过三弦、琵琶、醒木发扬广大。

三是在深入生活的同时，还要和演员多联系、多接触、多交流。现在编制在文化局创作中心，体制上可以灵活一点，每年用较多的时间驻扎在评弹团，创作上可以踏实一点，表现手法上可以丰富一些，能否搞一两部长篇，守住阵地，便于流传，扩大影响，能够代代相传。

雄关漫道真如铁，而今迈步从头越。祝贺磊蕾，也期望她继续努力，激情永远，从作品的思想性、观赏性、艺术性方面攀登新的高峰，作出更杰出的贡献。

笔底幽蕾弦索情

——胡磊蕾的弹词创作

朱栋霖

从绿水青山、诗画江南走来的胡磊蕾，以自己的才华与辛勤奉献出一系列弹词作品，中篇弹词《绣神》《徐悲鸿》《雷雨·夜雨情深》，长篇《赛金花》，短篇《南唐绝恋》《茉莉花开》等。在近日“胡磊蕾原创弹词作品展演”和研讨会上，专家们为她的成就点赞，为评弹界创作人才的诞生而欣喜。

胡磊蕾的聪明才智，在弹词《雷雨》的改编中，我感受很深。为求精品，评弹《雷雨》的台本前后修改很多次，但主要精力花在第一、二回，而胡磊蕾执笔的第三回基本是她个人执笔一次成稿，现在的演出台本采用了她执笔的约90%的文字。在要求颇高的这次改编中，相当不易。这一回演绎话剧原第三幕周萍与四凤隔窗对话，蘩漪在狂风暴雨中站在窗外窥视的一段戏。这段戏中，周萍与四凤的对白寥寥几句，蘩漪没一句台词。要演绎成一回书，有难度。胡磊蕾凭空虚构了周萍与四凤的大段对唱，一层层展开，托出周萍隐秘纠结的负罪心理，演来清新动人。她为雨中默默偷窥的蘩漪，写了长篇唱词“大雨倾盆雷隆隆”“妒火熊熊燃心胸”，悲愤激荡，激情喷涌，感人肺腑。演员吴静用香香调演唱，每次总是掌声如雷。

《雷雨》第一回“喝药”，周朴园要周萍下跪劝蘩漪喝药，在话剧中两人没有一句台词，舞台演出时的静默仅十秒。我提出，蘩漪与周萍僵持的几秒钟，两人的内心对话应该挖掘，写三个回合的一段对唱。胡磊蕾根据这个意思，写出了三个回合的一段对唱：“蘩唱：凝双眸，将他的心儿窥。”“萍唱：皱双眉，心中忐忑头难抬。”将两人默默僵持中的内心层层展开对话盘结，充分挖掘了“喝药”这场冲突内在的紧张与戏剧性。磊蕾本没有第一回执笔任务，是临时受命加写一段，这是颇为难的。她居然很快完稿，我一看这段对唱词写得太好！充分满足了我们预想的要求。她深入地挖掘了两人刹那间的心灵风暴，层次分明又急速倒转地铺开抒情，词儿灵动舒展，不落俗套。这段对唱使评弹《雷雨》在开场七分钟就展露华彩，一下抓住了剧场中全国各高校的大学生与观众，他们直接感受到了评弹的魅力。若没有对曹禺剧本与人物的深入理解把握和深厚的文学创作功底，是难以做到的。

胡磊蕾的弹词创作善于刻画人物的内心世界，她善于以女性的细腻心灵体验书中人物的内心情感，她能深深进入，刻画对手人物的内心，让他们形成情感交流、碰撞与冲突，她还能一层层铺开抒情。这是胡磊蕾评弹创作的特长。这保证了她能够应对中篇弹词高潮段的写作屡获成功，因为中篇三到四回，每一回都要有一个小高潮或高潮，她擅长写情感冲突纠结中的高潮戏。

就她已有的几部作品来看，写作风格又各有不同。

胡磊蕾在中篇弹词《徐悲鸿》中撷取徐悲鸿人生中四个片段，以“诚邀”“义救”“反目”“情归”四个回合，刻画了大师爱才、爱艺、爱情的赤诚大爱情怀。在跌宕起伏、华丽炫彩中完成大师人生，这是徐悲鸿的人生历程。第一回的“诚邀”主要讲述徐悲鸿留法归国后积极投身于中国美术教育事业，以才华与真诚打动齐白石，最终邀其出山任教。第二回“义救”讲的是好友田汉被国民党以“宣传赤化”的罪名逮捕入狱，徐悲鸿奔走相救，将田汉留在家中养伤，引来蒋碧薇不满。第三回刻画他与蒋碧薇终因价值观分歧、生活态度迥异而“夫妻反目”。弹词没有以今日的政治观丑化另一方，而是坦开蒋碧微的心灵情感，以一曲长长的说白与唱段让蒋碧微直抒胸臆，从青春爱恋激情私奔、巴黎苦读相濡以沫到京华高聘才华迸发，人生家庭的憧憬向往，她的内心世界如江河决堤一泻而出。徐悲鸿的回应也因回忆往昔而心灵的思考不可遏止，他的爱才爱艺与人生升华的境界在激情陈词中感人肺腑。胡磊蕾的华彩唱词、袁王档的激情弹唱，珠联璧合。

而中篇《绣神》第三回《诀别》则是轻雅的抒情风格。近代刺绣艺术大师沈寿的人生因文字记载稀少而令不少创作者却步。胡磊蕾苦心孤诣，细致深入地演绎其神秘人生与心底玄秘。沈寿的仿真绣技艺成功道路上，其丈夫余觉无疑是第一大功臣。而张謇则提供了保证沈寿刺绣高端技艺继续发展的空间。沈寿与余觉、张謇三人纠缠遂成百年谜案。胡磊蕾在《诀别》一回剖析张謇与沈寿的情感纠结与微妙心灵，设计了一个特殊情节，张謇为了抚慰沈寿病中的乡思，原物搬迁了木渎沈寿故居。沈寿睹屋念人，感恩张謇的苦心体贴，但终于为尊重对方的名声地位而以礼相待。这样的情感抒写是胡磊蕾得心应手之处，她以清雅而沉重的笔调一层层解开两人心灵深处的缠绵纠结，为盛小云、吴伟东细腻弹唱提供了演绎空间。

胡磊蕾的弹词写作有创新性，她是一位新时代的新型弹词作家。按照评弹的传统套路，《雷雨》第二回的做法是将话剧第三幕中鲁妈逼四凤发誓作为重点段，将话剧两人的台词转化为对唱，这样的写法可以对付老听客。可是话剧台词何等精彩绝伦，内心戏剧性何等丰富，评弹这样改有何价值？与大师话剧经典相比，评弹听众肯定不满足。今本《夜雨情深》的改编是在周萍与四凤隔窗对话时，插进窗外偷窥的蘩漪的内心咕白。在传统戏《张古董借妻》中李秀才妻夜晚被困张古董，而另一端李秀才在家中想念妻子，原来处于异地的两个人出现在同一舞台上，双方的自言自语（唱）本无关联，但在观众听来却形成戏剧性交流。蘩漪其实听不到两人讲什么，她的咕白却成了对周萍、四凤讲话的回应碰撞。

苏州评弹雅俗交融，具有较高的文学品味。胡磊蕾写的那些优美的唱词体现出她的文学修养。传统的弹词唱词有套路，“却原来”“莫不是”“今日里”“只为你”“我只道”“恨只恨”，一听就知道这是老派写法，在今天听来有陈旧之感。一式的固定七字句，有时为了硬凑七字很别扭。胡磊蕾读古典诗词，也写新诗，她的唱词语言不落俗套，有新意。她的唱词句式灵活多变，是灵动的，又流畅，如开篇《桥》。上文提到的《雷雨》“喝药”中蘩漪与周萍的一段三个回合的对唱词：“蘩唱：凝双眸，将他的心儿窥”，“萍唱：皱双眉，心中忐忑头难抬”。第二回周萍对四凤唱：“你似山涧吹来的风，凉嗖嗖，入胸怀，不觉心中已扫阴霾。”都不落俗套。早年她携长篇《赛金花》单档跑码头在上海演出，其中《唱曲》一回赛金花为李鸿章唱曲，挑出李商隐《相见时难别亦难》与王安石《泊船瓜洲》，扣住这两首诗，伸展剧情，这一回就有新意。在明清时期赛金花这样的高端青楼女当然能诗善画，但编者能独独挑出这两首诗切合人物、发展情节，如果没有较深的古典诗词阅读积累，是做不到的。

苏州评弹终于有了自己的作家。评弹界有一个错误观念，评弹创作靠演员自编自演，所以不重视甚至漠视专业创作人员。评弹演员当然需要具备自编自演的能力，但那是指将文学台本经过演员二度创作搬上书坛，成为书坛演出时活的艺术。对绝大多数演员来说，他在每次演出中应该有能力应对不同听众、不同时代、不同环境场所，对原先的演出（包括台本）随时做出调整修改，删除过时的，压缩冗长的，增添时新的，加入演员对人物的新理解和新创手法。但是这样的所谓演员“自编自演”也只能是局部的、细小的，不能代替原创文学台本，尤其是驾驭范围广阔的长篇与中篇作品，只能由专业作家完成（也需要演员合作）。《三笑》《玉蜻蜓》《珍珠塔》都是历经数代文人创作丰富提高的，《三笑》先有冯梦龙首创，又经乾隆年间无名氏，嘉庆吴毓昌、曹春江等丰富发展，不断改写扩写，又经几代名家响档的书坛二度艺术创造，才成为经典书目。对评弹文学创作重要性与价值的忽视，导致苏州评弹创作力量萎缩，几近于零。编剧被视为可有可无，评弹剧本创作报酬微薄，与戏剧、电视剧剧本稿酬相比悬殊太大。评弹演出时，字幕上出现一大堆不相干的姓名，编剧姓名却不见了。苏州评弹主要是在书场中演出长篇，由于演员的文化修养限制，只能照搬传统说法演出，难以出新意，长篇越说越旧，评弹市场愈见萎缩。胡磊蕾终于出现了，非常难得，评弹终于有了自己的专业作家，唯一的。我更愿意把这件事看做苏州评弹的一个新起点、新希望，以新人新作新面貌推动苏州评弹走上新台阶。

中篇评弹《雷雨》之《夜雨情探》创作谈

胡磊蕾

《雷雨》是曹禺先生在其二十三岁时缔造的剧坛神话，它非凡的艺术特色及美学价值长久地引发着人们对其挖掘探究的浓厚兴趣。《雷雨》自问世以来，除了话剧舞台赋于它适意精准的艺术呈现外，沪剧、京剧等姐妹艺术都曾以不同的舞台样式对其进行风格迥异的诠释，而用苏州评弹这一曲艺形式来改编戏剧大师的扛鼎大作，是曲艺艺术首度面对戏剧艺术心存敬畏且满怀激情的尝试与挑战。

评弹较戏剧的最大不同在于描述故事不受时空限制，塑造人物是通过说书人对书中人物的思想及心理的细节描写来完成。话剧《雷雨》较长，矛盾亦错综复杂，如一一展开，就会限制评弹艺术的表现空间。故评弹《雷雨》对原作的情节进行了大幅度的裁剪及结构上的重组。一开头便从“吃药”入手，交待人物关系，出示戏剧矛盾，在特定情境下展开周萍与蘩漪的情感纠葛。话剧中第二幕的重头戏——周朴园与鲁妈的重逢和回忆则在评弹第二回的开头以说书人的身份作了扼要精辟的叙述，以推动情节的发展。话剧第三幕中前五分之四的情节在评弹中几乎找不到踪影，原本在话剧中堪称精彩片断的“四凤起誓”在这回中也是一表而过，周萍探凤、蘩漪跟踪成了本回书的重点笔墨。而第三回书一开场就把蘩漪和周萍的矛盾推向极致，最后由一大段蘩漪因决意走向毁灭而充满绝望的唱片将故事带向终结。评弹《雷雨》三个分回小标题的定名：《山雨欲来》《夜雨情探》《骤雨惊雷》就是在情节调整和内容取舍的基础上确立的。

曹禺研究专家朱栋霖教授认为，第二回《夜雨情探》的创作较原著有很大的突破及创新精神。这回书不仅把评弹艺术所有的表现手段“说、噱、弹、唱、演”都合理地融入其中，在情节结构与人物刻画上也较原著有其独到之处。作为评弹《雷雨》第二回的作者，以下我就来谈谈《夜雨情探》的创作体会。

一、情节结构

将周萍与蘩漪的情感冲突作为主线是评弹《雷雨》的创作基调。所以如何将男女主人公的情感脉络在第二回中充分延展和激化且将故事向高潮推进，是我在改编中考虑的首要问题。因为第一回的改编先是以此基调对原作中围绕鲁贵、四凤、周冲、鲁大海等人物所展开的戏份作了弱化和删减，所以这回书的改编只利用了原著第三幕最后五分之一的情节，把周萍的出场作为正书的开始。而话剧第二幕中的周朴园与鲁妈重逢及第三幕中鲁贵与大海的冲突、周冲上门送钱、四凤罚咒等重要情节在评弹第二回的一开场仅以两位说书人简洁精炼的表述在五分钟内交待完成，随后的故事发展及矛盾冲突主要围绕周萍、蘩漪、四凤三个人物铺展开去。说书人口中的那扇“窗”被当作情节发展的道具，引领着窗内的四凤和窗外的周萍、蘩漪以各自不同的心理轨迹引发行为动作，将矛盾层层叠加，把情节推向高潮。

二、人物塑造

先说说周萍。其实周萍这一人物在曹禺心目中是极其矛盾复杂的，这在原著中的大段人物提示中可见一斑。但如此丰富的人物在话剧舞台上却时常带给人暧昧晦涩的感觉，很多观众把周萍看作一个胆小懦弱、好色虚伪的纨绔子弟，我想这绝不是曹禺心目中完整的周萍。或许是作者对蘩漪的过分偏爱，在蘩漪闪电般聚集全部生命力于一瞬的辉煌中，周萍的形象在对比中被弱化和稀释了，原作者有意无意给周萍一些不公平待遇，对这个贯穿全剧的重要角色，几乎没有给过他展示内心的抒情的独白机会。所以在评弹第二回的改编中，我尽力给周萍自我剖析和申诉的机会，“设法替他找同情”（曹禺在《序》中的原话）。

原作中，周萍因为明天要去矿上，所以雨夜来找四凤仅是想求得“临别的温柔”。把这一动机作为周萍要“入窗”的理由本人并不反对。但要给他“找同情”，就要深挖他复杂的内心世界。所以我让他在窗外，在天真纯洁的心上人跟前，来一次忏悔，把积压在心中的痛苦倾泄出来。他说自己是个“有罪的罪人”，并说出自己“曾经爱过一个勿应该爱格女子”。当四凤问及这个女子是谁的时候，周萍回答：“格个女子非但漂亮、聪明而且很有才情。”后两句说明周萍当初确实是被蘩漪的魅力所吸并深深地爱上那个“漂亮”“聪明”“很有才情”的后母的，他们的两性相吸引是有情感基础的，这在第一回书中也有别样的精彩描述。而他说自己是“罪人”且“不应该爱”实是道出了他痛苦的根源所在，那就是与蘩漪的那段不伦畸恋。当然，周萍怯弱的性格还没给他说出“蘩漪”两字的足够勇气，他只是在含糊其辞中道出自己的不安与惶恐，当四凤说：“大少爷，倷勿要讲哉…过去格事体就让俚过去吧……”更让周萍看到了心上人天使般的善良，所以在那一刻他更坚定了自己对四凤的感情，觉得有必要将忏悔进行到底。接下来他并没有直白讲述乱伦一事，而是把不堪化作心中挥之不去的梦魇用含蓄的方式表达了出来，那段关于做恶梦的唱片更深层次地揭示出了其心中觉得“对不起自己，对不起弟弟，更对不起父亲”的悔恨以及无法摆脱后母纠缠的惶惶不可终日。

周萍的“忏悔”是他在“干净”的四凤面前的自赎，他知错悔错改错的一系列行为是一种悲剧性努力，也是作为改编者的我让观众对他产生“同情”的一种手段。

再来说说蘩漪。她是曹禺用心着墨最多的人物，也是最具“雷雨”性格的角色。她厌倦了冷寂阴沉的家庭，在枯井似的心底跳跃着熊熊燃烧的情焰。当周萍毅然决然要斩断这段孽缘时，她使尽全力要拯救她视为生命的爱情。面对周萍的移情别恋，她陷入绝境的情感像火山一样在涌动中渐渐喷发。她不但赶走了“情敌”四凤，还在雷雨之夜跟踪周萍到鲁家，一步一步把对方也把自己推向灭顶的深渊。

由于话剧舞台时空的限制，蘩漪跟踪周萍这一动作在话剧第三幕中并没有很直观地展示，蘩漪的形象只是窗外的一个黑影，被“蓝森森的闪电”照亮的一张“惨白发死青”的脸。而评弹第二回的改编则把话剧舞台上没有一句台词、只有一声叹息的蘩漪推到了台前，试图让观众看到一个心理活动异常丰富、立体而清晰的女主人公。

蘩漪在第二回中的出场是由说书人对其行动与外貌的描写开始的：“……倷前脚出门，俚后脚紧跟……个歇辰光格蘩漪浑身墨黑……远远叫望过去就像黑夜中格幽灵……”这就是评弹艺术的一大特点，话剧剧本中的舞台提示都可以通过说书人之口栩栩如生地描绘出来。接着，当她看到周萍轻车熟路地来到鲁家敲四凤窗的时候，她对周萍的跟踪一下子从下意识变为有意识：“看看周萍和四凤的关系到底发展到了什么程度？”而当看到周萍敲不开四凤的窗时，她出现了极微妙的心理：“今朝格扇窗只要勿开，我搭倷周萍就还有希望。”特别是听到周萍说“我曾经爱过一个不应该爱的女子”，她“又是开心亦是伤心……伤心格是俚对格份爱作出了否定：勿该爱……格么倷为啥还要爱呢？”这是长久存在于蘩漪心中的困惑，这些心理变化也正说明她对这份畸情始终没有清醒的认识，对周萍的回心转意还抱着最后一丝天真的幻想。尤其当她从周萍断断续续的忏悔中找到答案时，她认为“倷想用逃避格方式离开我，以求得心灵浪格解脱……实际浪倷是为一个男人喜新厌旧格本性勒寻借口……”她之所以会产生这种心理是她潜意识中一直把这段得不到道德允许的“母子之恋”合理、合法化，让自己在自我编织的追求自由爱情和幸福的美梦中尽情陶醉。所以她无法理解周萍的悔恨和痛苦，她把周萍疏离她的原因简单地归结为移情四凤。当窗打开的一刹那，蘩漪心里咕了句“完”，一个“完”字道出蘩漪“希望”的破灭。随后我还运用评弹“跳出跳进”的手法让演员突然从角色转为说书人进行了一小段评论：“这个就是倷与四凤格区别，女人格爱法有两种……倷属于前者，而四凤属于后者。”这是评弹用以分析人和事物的特有手法，是说书人和观众最直接的交流，它比戏剧中的“间离效果”更为强烈和突出。

蘩漪这一系列的心理活动都是随着周萍和四凤的心理及行为的变化而变化的，当周萍跳窗而入，与四凤紧紧相拥的一幕出现在她眼前时，单靠演员的说表是无法生动地展示出人物那一刻杂乱的心绪的,所以“言之不足，歌以咏之”，这种戏曲中惯用的手段在评弹的创作中也是通用的，在这里我给蘩漪设置了一段唱片，让她的妒火在控诉般的宣泄中熊熊燃烧。随后她的愤怒和嫉妒又促成其疯狂报复的行动，“像幽灵一样站在窗前”以恫吓胆小的四凤，顶住窗户让周萍如瓮中之鳖无路可逃。这几个将矛盾冲突推向高潮的关键动作在话剧中只一闪而过，而评弹却通过说书人“带表带做”的细腻表演将蘩漪带有破坏性、毁灭性的“雷雨式”的行为和性格更清晰地展现在书台上。

三、表演样式

话剧是借助布景、道具、音效、服装等，通过角色的言行把人物和故事呈现在舞台上的，而评弹完全是由演员扮作说书人通过叙述、描写、解释、评论和“起角色”来完成书台呈现的。譬如第二回书对蘩漪一出场时外貌和衣着的描写、对鲁家环境的描写，就是通过说书人的“表”来完成的。而话剧舞台上人物直观的行动也可以通过演员之口“表”出来。譬如“四凤不由自主走到窗跟首，手勒窗销浪一搭”，“蘩漪动作格么叫快，拿两扇窗‘叭’一关，人往窗浪一靠”……而话剧中无法直接表现出的人物心理更给了评弹的说表艺术以极大的发挥空间，《夜雨情探》中重塑的蘩漪形象就是以心理描述为依托被推至台前的。

因为评弹中的演员是以说书人的面目出现的，所以评弹在角色塑造上和话剧也有很大的区别。话剧中的演员是“一人一角”，而评弹演员则是“一人多角”，他（她）们的表演除了可以在“角色”和“说书人”间自由转换外，一个演员还可以在一回书中分饰多个角色。譬如在第二回中，三个演员就各自承担了数个角色。男演员既起周萍，又起鲁贵和鲁大海，而蘩漪和鲁妈的角色则由一个女演员来起。这里用“起角色”而非“扮演角色”，也是评弹与话剧的不同之处。起角色只要求神似，是说书人对角色的模仿，用行话说就是书中人物“在说法中现身”。而话剧对角色的要求则是神形兼备，是戏中人物“在现身中说法”。

演员的“自弹自唱”也是评弹艺术有别于戏剧的最大特点之一。弹词的唱，是说的补充和延续。说唱之间灵活过渡，密切结合，共同为说书服务。在评弹《雷雨》第二回中，周萍和四凤隔窗的对话和心理描写，蘩漪的情感高潮，都是说书人通过声情并茂的吴语演唱伴随江南丝竹的悠扬意韵在书台上清新美妙地展示给观众的，这也是评弹艺术生命力长盛不衰最重要法宝。

胡磊蕾：石缝中生长的“评弹花”

彭俐

北京人对苏州评弹并不陌生，200多年前的故宫御花园，就曾荡漾琵琶与三弦伴奏的吴侬软语。据说，清朝鼎盛时期的著名艺人王周士，曾经晋京来给乾隆皇帝演唱声腔清爽干脆的姑苏弹词。王周士受宠隆恩，被赐予七品京官，得闲撰写了评弹理论著作《书品》《书忌》。书中，他立下正反14条规则，譬如“快而不乱，慢而不断……闻而不倦，贫而不谄”之类，成为后代说书人（即评弹艺人）的圭臬。

到了200多年后的今天，当苏州才女胡磊蕾带着她的中篇弹词新作《徐悲鸿》进京演出，在国家大剧院受到观众满座的优等待遇时，说起来有些尴尬，古老的苏州评弹已经成为濒危“物种”，快要成为博物馆艺术而偃旗息鼓了。当一门艺术（如评弹、京剧）被冠以国家级、世界级非物质文化遗产称号时，它们所获得的是一种荣耀呢，抑或是一种伤痛？或许，二者兼而有之吧。

胡磊蕾，苏州人，现为国家一级编剧，1994年毕业于苏州评弹学校，继而在南京艺术学院戏剧文学系、南京大学中文系（戏剧艺术编剧方向专业）深造，曾以评弹作品《绣神》《徐悲鸿》连续获得第八届、第九届中国曲艺牡丹奖·节目奖。让苏州评弹与北京话剧产生亲密关系的，是她与人合作的弹词《雷雨》，该作品先于前两部作品，获得第六届中国曲艺牡丹奖。正像京剧让古都北京平添一种韵味，评弹也使苏州增加一道风景。

恰逢胡磊蕾的弹词艺术作品专场——“磊蕾芳华”（姜昆题字）隆重推出，记者专程前往评弹圣地采访这位评弹才女。秋冬之交，江南寒意袭人，苏州古城细雨霏霏，远方游子却兴味不减。正是唐代诗人杜荀鹤所言：“君到姑苏见，人家尽枕河。”黄昏时分，1600米长的平江路弦歌不断，灯影幢幢，依稀想见千年前南宋时期的繁华，而桂花糖和海棠糕的丝丝甜美，如同男女评弹艺人的唱段回味悠长。

父亲督考挥戒尺，一分不够挨板子

都说棒打出孝子，未闻戒尺挞千金。

胡磊蕾的父亲就是这样严厉，戒尺常挥。显然，他是把仅有的一双女儿，当做两个儿子养了，唯愿她们学有所成，光耀门庭。而两个女儿在家长“酷吏”般的管制、督促下，个个争气，事事争先，屡屡获得地区、省市，甚至全国各类作文赛事前三名，“才女双双”——这在她们居住的浒墅关镇是出了名的。

浒墅关，是一个拥有2000多年历史的古镇，其旧名虎疁，得名于秦始皇到此掘墓求剑（传说吴王阖闾墓葬宝剑三千）。它地处京杭大运河两岸，得舟楫往来之便利，实为古今“商旅之渊薮，泽梁之雄钜”。这个闻名遐迩的“文化之乡”，既是明代剧作家冯梦龙（小说“三言二拍”之“三言”作者）的故里，又是诗人范成大，画家沈周、文徵明留下题咏与墨宝的名埠。人说：“先有浒墅关，后有苏州城。”

胡磊蕾上小学时，数学考试不能不得满分，语文倘有作文，必须在95分以上。如在100分制的考场得到90分，那么用戒尺抽打10下，是免不掉的。戒尺，原是古代私塾先生惩戒学生的木板，这种体罚用具在“以师为吏”的古代无人诟病，但在今天，基本上已经在社会中绝迹。我们当中，很少有人尝过板子冰冷刺骨、手掌热辣红肿的滋味。“我就曾因为未得满分，乖乖地伸出手来，挨板子，那叫一个疼啊！”

疼归疼，效果还是显著的。对待自己的学业，胡磊蕾从未懈怠过，小学读到初中毕业九年，十八张三好学生的奖状还真一次没落过。

“父亲每逢周末，都带着我和姐姐去公园，或到郊外游玩儿，看山看水看花木，听歌听曲听鸟鸣……晚上，回到家后，爸爸让我们两人比赛——做作文，比着写白天玩耍时的所见所闻……他做裁判，赢了，奖励一支笔或个小本子；输了，什么都没有……9岁时，我就发表了自己的第一篇文章，论文《蚂蚁会游泳吗》刊登在报纸上，还被其他报刊转载。小学、中学，加起来，总共发表过上百篇文章吧。”

少小风光，渴望一世风光；韶年骄傲，唯愿一生骄傲。

“我也做过新闻呀。说起来，我还是记者出身呢。我是上海《小主人报》（1983年创办，中国第一家15岁以下少年儿童任职的报纸）驻苏州记者站的站长，和我一样，我姐姐也是小记者。记得10岁时，我就接受了《苏州日报》记者采访，那是平生第一次被媒体关注。当时，姐姐得了全国作文比赛第二名，我获得江苏省‘红花少年’称号、‘全国少先队好队长’的殊荣。于是，大报的成人记者以‘一对小记者姐妹花’为题，对我俩做了报道。不要以为，我原本在苏州艺校学的是弹词演唱，后来，突然一下子会写作，并能写出那么多获奖的评弹作品，短篇的、中篇的、长篇的，包括许多戏剧小品和舞台戏。我原来，从小就擅长文学创作的。真的，我都很佩服我自己！欣赏我自己！”

评弹演唱走码头，月黑风高遇氓流

一个人拔尖成习惯，容不得自己不是锥子——变棒槌。

15岁，胡磊蕾在刚刚走进的苏州评弹学校，遇到人生的第一道坎儿。

在校园，在千里挑一才选中的20个评弹演唱学生中，她的文化课确实优秀，出类拔萃，但是器乐不通，只弹奏一项，就大大拖了她的后腿。

“什么时候，我胡磊蕾考试只得六七十分呀？！丢死人了！”

这要是在早几年，至少，她要挨父亲三四十板子啊，手掌不变成胡萝卜都不算完。

“我的文化课、说表课、唱腔课，成绩都很好，但，唯独弹奏课，居然考了一个 68 分！我的自尊心太受打击，严重受挫……

“整整一个寒假，再加上一个暑假，父亲都骑自行车，驮着我……我则肩背琵琶，还带上一个小板凳……每天早晨 5 点起床，赶到数公里外的观山脚下，去苦苦练琴。之所以要跑到僻静的山脚下弹琴，是怕‘呕哑嘲哳难为听’的琴声，搅扰了无辜的、睡梦中的邻里。父亲作陪，监工，我拨弄着不听使唤的琴弦，一练就是四五个小时。

“——我的弹奏技艺突飞猛进，让授课老师倍感惊讶。

“原本，我是可以到百年老校——南京卫生学校（建于 1918 年）口腔医士专业念书的，那是一所专门培养护理和医技人才的职业学校。当时，我接到两份录取通知书，一份是‘曲艺学校’，一份是‘卫生学校’，考虑再三，我还是选择了前者。否则，我现在，也许就是一位收入颇丰的牙医了。”

干曲艺这行，几乎就是一种“贫困”抉择。

如今，凭着说书唱曲来挣钱，养家糊口，谈何容易，不信你就自己试试看……

她从评弹学校毕业后，来到苏州市评弹团（建于 1951 年）。第一次“单档（1 人独自演唱，区别于 2 人的双档、3 人的三档）”外出演唱，就体验了早先贫苦艺人跑码头卖唱的艰辛，那是一种近似流浪者的辛酸经历。

“1995 年，我自己一个人，背着琵琶到外地演出。一年 300 场演出，这是评弹团的演员必须完成的工作定额。巡演范围是——江苏、浙江、上海一带，全属苏州评弹演唱的‘核心地带’。劳务分配是这样的，演出所得收入 15% 归团里，85% 归个人。我不愿意和别人搭档到各地书场巡演，那种男女搭档的形式我很不习惯，整天两人吃、住、行在一起，要么好得不得了，要么有可能非常合不来。我一个人很好，就是‘辎重’不轻，背着琵琶三弦已经够累赘的，还要带一个大箱子，里面装着化妆盒、演出服、换洗的衣服、洗漱用具、脚本、录音带、闲书，甚至蜡烛、火柴、手电筒之类……乡村有时候是停电的，泥巴路上甚至没有路灯。

“那是一次好吓人的旅程，前往杭州某书场单档演出。长途汽车到站后，除了我单个下车以外，还下来一群不三不四的坏小子。他们把我围了起来，连拉带拽地抢走了我的手机。那天正下着大雨，我失去了与场方的联系方式，又不认识路，竟坐在行李上号啕大哭起来。幸遇一位过路的老奶奶，喜欢听评弹，见我带着琵琶，就知道我是演员。她问明缘由，便给我指了路。当我好不容易叫到一辆三轮车赶到西湖边的书场的时候,才知道住宿地是在离书场几里开外的城隍山上……雨越下越大，山路极陡，我几乎是跌跌爬爬地咬着牙独自将所有行李拖上山的。打开房门，房屋的窗户纸是破烂、漏风的；电灯泡和开关都是坏的；桌椅、床褥是落满尘土的；房前屋后是有野狗叫的……刚刚在山下哭了一通，现在到了山上，又忍不住落了一宿的泪……并非顾影自怜，而是倍感无奈。

“演出，前一周，负责接待我的书场老板（岁数不小的老人），完全不把我放在眼里。初来乍到的老师傅（尤其是名角儿）享受的接风宴，自然是没有了。大冬天的，屋里不给我生火炉；吃饭，也只是稀汤寡水；演出费怎么个付法？是包账还是拆账，也绝口不提。我受到如此待遇，也不能全怪这位老人，他也要生活啊，书场原本就冷清，再遇上我这样刚走出校门、初出茅庐的‘菜鸟’，又是一个人‘单飞’，他怎么能不自叹晦气呢？他心里一不高兴，也就顾不得什么礼数，很难再对我热情周到……更为难堪的，是地头蛇、小混混的无事生非，夜晚吹口哨，砸窗户；大白天就敢当众辱骂，甚至把我的琴弦剪断……”

但是，谁又能把一位评弹演员余音绕梁的声音剪断呢？那是办不到的！

“棋从险处生”，人也一样。遇到诸多“险阻”，反倒激发了她的“斗志”，曲子唱得格外高亢有力，具有冲天一吼的气概，但缠绵之际，又是无比的柔情似水，让听众全然陶醉……

“演出，第二周，情况完全颠倒了，犹如雨过天晴，或是北方民歌《翻身道情》所唱的那种感觉，我摇身一变，成为被盛情款待的 VIP。

“书场老板专门买了两只鸡，犒劳我；还特意置办了电炉子，为我取暖。

“原因是，演出预热了几天之后，我演唱长篇弹词《七珠缘》的美誉不胫而走。先辈们传下来的经典评弹作品，通过我声情并茂的诠释，出乎意料地大受欢迎。平时清冷的小小书场，一下子红火起来，村镇居民扶老携幼，年轻伴侣牵手而来，只见书场老板售票、点钱，忙得不亦乐乎。我在评弹学校所练就的‘十八般武艺’此时全都派上用场，而古老评弹艺术的原始魅力，在我的身上灵魂附体，乃至弦弦入扣、声声感人……

“我也不时地现场发挥，即兴编词，我们业内人叫做‘簧书’，好让节目更接地气，也更结人缘。

“说到这里，还要感谢我的父亲，是他将师傅传给我的——古代文言文的《安邦定国志》（线装本），翻译成现代白话文的《七珠缘》；我所做的，是把其中将近一半的唱词创作出来，以适应今天的时代和今天听众的审美趣味。”

一曲“悲鸿”进京城，国家大剧院飘红

现代评弹作家胡磊蕾，曾以其 2007 年与人合作改编的弹词佳作《雷雨》与北京结缘，继而又将其 2015 年新作《徐悲鸿》（分为《诚邀》《义救》《反目》《情妇》四幕）呈现给首都观众。

评弹一曲话“悲鸿”，清辞丽句才女情。

这是中国国家大剧院的神圣艺术殿堂，首次上演现代原创苏州评弹作品。让习惯观看京剧的京城观众沉醉江南“雅乐”，一饱耳福。

当大剧院的剧场里坐满观众时，拥有数百年历史的苏州评弹艺术便打破了一个历史纪录：

演出场地最大、舞台最宽、观众最多、场面最热烈。

而胡磊蕾是继前辈评弹女作家徐檬丹（作品有《真情假意》《一往情深》等）之后，又一位著述颇丰、影响力大的评弹才女。

苏州评弹（包括评话、弹词），其中评话源于宋代说话伎艺，而弹词大约兴起于明代。它作为中国曲艺的地方曲种，长期以来，特别是近一两百年，得益于古老城市的地缘优势，即地处长江三角洲风调雨顺的冲积平原，受到当地交通便利、经济发达、文化兴盛的哺育、滋养，因而始终具有曲目创新、紧随时尚的再生能力。历史上，除了传统经典之作《三笑》《描金凤》《白蛇传》《玉蜻蜓》《珍珠塔》等，一直不断有新作品随着时代嬗变而诞生。清末民初，就不乏新编作品如《杨乃武》《秋海棠》《啼笑因缘》等；1949年后，一批红色曲目应运而生，《白毛女》《青春之歌》《野火春风斗古城》等脍炙人口。等到作家胡磊蕾在艺坛崭露头角、并渐入创作佳境时，中国社会进入了改革开放的大时代，古今艺术发生碰撞，中外文化汇聚交融。于是，她的创作题材也与时俱进，别开生面，譬如描写苏州传统刺绣绝技的《绣神》，刻画苏州作为旅游城市自然与人文风貌的《姑苏游》，让曲艺与戏剧联姻的评弹音乐剧《茉莉花开》，讽刺现代人物质、金钱贪欲的《看钱奴》……值得一提的是她的作品《北京的城门姑苏的巷》，再次将古都北京与古城苏州联系起来，她说：

“倘若北京的城门是洞箫，那么苏州的水巷就是长笛……”

2016年10月，“磊蕾芳华”——胡磊蕾评弹艺术原创作品专场展演暨研讨会，作为第九届中国曲艺牡丹奖系列活动之一，在她的家乡——古城苏州举行。全国各地评弹表演名家与曲艺评论家荟萃一堂。席间，曲艺理论家常祥霖，为胡磊蕾现场题诗一首：

自在娇莺堪可夸，
诗情才笔绘芳华。
曲苑满园春光艳，
国色天香尚属她。

当一位作家、艺术家创作出优秀作品时，人们自然而然会献上鲜花与掌声，使作者平添荣耀与光环；但是，只有当他（她）因其创作成为一个现象时，才会引发人们的特别关注与深层思考，更加显现其自身的价值与魅力。

南京大学教授、博士生导师康尔说："胡磊蕾创作上的成功，是一个值得研究的现象。"

康尔教授认为，至少可以从三个方面去考察和分析并有所启迪：一是从教育（人才学）的角度看胡磊蕾现象，得到的启迪是曲艺高端人才的培养，既要使之懂得曲艺本体，又要使之知晓艺术史论；二是从艺术（成功学）的角度看胡磊蕾现象，得到的启迪是实践与理论是作家腾飞的双翼；三是从曲艺（艺术美学）发展的角度看胡磊蕾现象，得到的启迪是曲艺需要继承，需要有人坚守，但曲艺也要发展，需要有人做出探索与创新。

还是让我们来听听评弹作家胡磊蕾的自语吧：

小桥流水畔，
出生；
吴侬软语间，
长大。
姑苏女子的命运，

就此，

与评弹相连。

石缝里的花儿，

是经历了，

怎样的四季？

让笔墨中的欢恨，

化成，

弦索上的悲喜……

最后，我们最想说的是：对于城市文化建设与发展而言，值得我们借鉴的是，胡磊蕾题为“磊蕾芳华”的评弹艺术原创作品专场展演暨研讨会，是苏州市的“文化重点人才支持项目”的一项内容，这是其他历史文化城市，或重视城市文化的城市，可以做、值得去做的事情。

文学时空

小海专辑

小海的抒情诗

张闳

你们不过是这里的外乡人
在他乡流连忘返
最终你们都要回去，回故乡去……

——小海《置换》

自1980年代以来，标榜流派是中国诗歌的时髦。众多似是而非的诗歌流派，为文学教师提供了更多课堂上的谈资，除此之外的意义都很可疑。近年来这种状况更是变本加厉：有派别的，顽固地守护着自己的地盘，严阵以待；没有派别的，也纷纷急不可耐地拼凑出一支乌合之众来。“口语派”“后口语派”“新古典主义”“下半身”“中间代”之类如是滋生，而一时尚未归属于某个群体的诗人就像是找不到组织的“同志”，多半要陷于迷乱和狂躁。

与其同时代诗人不同的是，除了跟南京的“他们”群体有过一段并不特别亲密的接触之外，小海几乎不属于任何诗歌群体或帮派。特立独行的小海在所谓“新生代”诗歌群体中，却称得上是元老级的人物。他从1980年开始发表诗歌，至今已经有三十多年了。这一点使他有理由傲视这个时代的诗歌。

小海在评价当代诗坛时，发表了这样的意见：“纵观当代诗坛，投机取巧、苟且钻营、结党营私、盲目短视、夜郎自大……不少诗人忽视了诗歌生产之于诗人个体劳动这种健康、正常的关系，忽略了诗人必须为此付出代价这个关键环节。”（小海：《面孔与方式》）确实，很少有人愿意付出代价，投机取巧地博取名利，是我们这个时代的特征。比起那些将写诗当作自我炫耀的“行为艺术”的人来，比起那些看上去生活得更像诗人的人来，小海的生活并没有什么特别值得一提之处，他不是依靠诗歌之外的东西来博取“诗人”的名声。除了日常生活之外，他就是写诗、写诗。小海自始至终只以自己的诗作来发言。我坚信这才是一个真正的诗人的本分，也是我们这个于诗歌不利的时代里诗人存在的意义所在。

在小海的诗中，最为引人注目的是那些关于“村庄”的篇章。村庄以及一系列与村庄相关的事物：河流、田园、大地，等等，始终是小海诗歌中的主角。如果我们不是肤浅地和表演性地吟唱村庄的话，那么，要悉心倾听村庄的声音不仅需要敏感，而且需要相当的耐心。小海以他的写作经历证明了自己超常的耐心。

> 就像突然间涌现出无数的村庄：河流、大地、日落日出
> 我再也见不到人、牲畜，无止境地显形
> 那些平等而徒劳的岁月
> 每一片村庄，都有一个神住世，犹如它们的太阳
> 那是男人国，平等、吉祥、欢爱，绝不错失灵魂
> 黄金为地，一切依据愿望得以实现
> 没有夜晚的叹息，也有鸟儿好姑娘般站立枝头
> 但是，人依然是虚幻的集合
> 大地山河，犹如沦陷爱欲的男男女女
> 仅仅依靠了一线朦胧的晨光而暂存
> 大千世界，仍旧是又聋又哑的白痴
>
> ——《作为村庄的表象》

由长句子所展开的广阔的主题和直接的哲理沉思，史诗般的庞杂格局——这种风格的诗行在小海的笔下是比较少见的，但我们还是可以将它看作小海诗歌主题的概括性的展现。实际上，小海笔下关于村庄的诗歌，更多的是下面这种风格的：

北凌河绕着村庄
月光进入更深的睡眠

在那儿，睡眠
是块沉甸甸的石头
温热的石头满足的石头
来自天外

——《边缘》

北凌河，是小海笔下经常出现的一个地点（它有时会变成另外一条河流——串场河），据称，这是诗人故乡的一条小河。“一条完整的河流好比一个白昼”（《北凌河》），北凌河就是小海的白昼，照亮了他的全部生活。故乡的沉默的事物召唤着诗人，为诗人提供抒情的源泉。从小生活在江南水乡的小海，与贯穿于江南大地的河流之间的关系是如此之密切，以至在他的诗歌中浸透了一种湿润的情绪。如果可能的话，我愿意将小海的诗称之为“河流诗”。这不仅仅因为他的诗作多涉及河流，更主要的是因为其诗作具有河流一般的品格。河流在小海的诗里，既是抒情的动机，又是抒情的通道，促成了小海诗歌的委婉曲折又不失清澈透明的风格。

早晨的北凌河
像影子的幽灵

但又从影子中分离出来
我因为大地成为一个人的囚犯
而幸福无比

深虑静谧的大地
不断摇荡变异的河水……

早起的鸟儿
展示微风中的身体
那些尘土
那些沉浸淫欲中病苦的人
我用我的身体置换心灵的圆满和宁静

——《置换》

“深虑静谧的大地/不断摇荡变异的河水”，这些正是小海诗歌的核心内容。诗人在另一首诗中承认道：“载着这个世纪肮脏的河水/降服了我的情感”（《北凌河》）。沉默无言的土地通过诗人之口，发出了自己浊重的声音。很少有诗人愿意倾听和表达这种声音，这种声音既不响亮，也不动听，在喧嚣的现代世界里，它极容易被忽略。而在现代社会里，表达关于土地的情怀，就更加危险，即便表达出来，往往难免将平实的土地夸张、抽空和升华为一种抽象的神性，进而使抒情蜕变为一种文人式的、半真半假的田园情怀。小海敏感地警惕到这种危险，他接着写道：

但此刻，这河流
依然只是河流的概念
依然只是漫游者空洞的家园

如同久远累劫以来
惩罚的仅仅是我的生命
北凌河从我的土地上逐渐流失
像那在欢爱中遗失的尾巴

你们不过是这里的外乡人
在他乡流连忘返
最终你们都要回去、回故乡去……

——《置换》

古老的还乡情绪在小海笔下变得新鲜。从简单的乡间日常生活经验出发，引申出普遍的存在的真理性主题，这是小海诗歌的基本特征之一。在他看来，质朴的乡间生活更接近于人的生存的本真状态。抒情与村庄和土地的关系，以及这些质朴的诗行，令人想起20世纪的美国诗人弗罗斯特。这位生活在大工业时代美国的老诗人，顽固地坚持写乡村题材的诗歌。

一条路穿过村庄
返回。透明前
熟睡的阴影
把大地焐热

醉酒的村长趴在地上
寻找回家的道路

——《边缘》

寻找一个空洞的家园、一个家园的概念，是容易的。而面对着实际上正在“逐渐流失”的“河流—家园”，无所适从的人们将不得不沦于精神迷失和虚空。我们看到，在小海的诗中有一种自土地上升腾起来的抒情性，但这不同于那些刻意夸张土地空洞神性的抒情诗。小海并未将关于土地的情绪上升到那种夸张的高度。这些乡间的事物有一种既宁静而又近乎滞重的特征，它不超过村庄的高度，像早晨或黄昏萦绕在村落的雾霭，早出晚归的人们能够嗅到它带有泥土清新气息的呼吸，引导人们寻找返回的道路。

阅读小海的诗，需要的是听力。小海的诗以一种内在的旋律，而不是语句上的声响效果来维持诗句的音乐性。这种内在的旋律，为现代口语注入了诗性活力。

小海的诗歌语言是一种纯净的口语，但这一点却是我在评价他时的最大难题。众所周知，“口语”如今已经是一个被严重污染了的词。今天的诗歌界，那些相互鄙夷、势不两立的两派，无论是故作高深的思考还是哗众取宠的粗鄙，都不约而同地乞灵于“口语”，向“口语”租借语言的活力。在此种情况下来谈论小海诗歌的口语特征，这无论是对于小海还是口语，都是一种轻侮。

老山羊再丑也是我的亲人
今夜，在这片月色中
她已不再贞洁

——《月色》

自然生长的诗意，简单而又奇特，热忱而又妙趣横生，它来自对乡间日常事物的热爱。热爱，热爱那些单纯的日常生活，是小海诗歌抒情的原动力。他有一首诗，题目就叫《每天都是日常生活》。

日常生活，这是当下中国诗歌最为关注的对象，以日常生活经验进入诗歌，这一说法很有诱惑力。但诗人经验日常生活的能力却并不都是那么可靠。许多表面上看起来很生活化的诗歌，常常是刻意制造出来的。

将生存经验刻意地片面化为互相割裂的上下两个半身，诗人们固执地表现任意一截半身，带来生存经验的“半身不遂”。这些诗歌有时纯粹是写给假想的诗歌敌人——作为对立面的另外半截的诗人——看的，一旦这个假想的敌人不存在了，这些诗歌也就跟着死去。

小海笔下的日常生活经验表现出与众不同的品质，诗人个人直接面对世界而生成的情感，与任何观念的东西无关。相比之下，那些依靠某种观念的需要而建立起来的“日常生活”的概念，就显得苍白无力。

小海善于从一种特别的角度来观察日常生活，从日常经验中发现某种精神性的东西，通过浅表的生活细节，揭示内在的精神。

我的父亲要经常敲击他的膝盖
空洞的膝盖。他急于见到
他的长子和两个女儿
从白昼到星辰初上，像水上行舟
他希望有一个孩子留在身边

就像他的膝盖　回荡的共鸣
他多么爱自己的妻子儿女
他止不住经常敲击
膝盖

迷蒙夜色中
我的父亲仍在扶犁耕作
那些天空中陨落的“厕石”
像蚱蜢　蹦向他锋利的犁头

他的膝盖

被一次次砸痛

流星出没的

草原之夜

——《父性之夜》

膝盖，骨骼支撑躯体的关节点。膝关节的疼痛，通常总是对劳损和衰老的暗示。作为家庭顶梁柱的父亲陷于衰老之境，使之难以支撑家庭生活的重负。父亲膝盖的疼痛，提示着家庭生存处境的贫困与艰难。关节动机令人想起了加西亚·马尔克斯在小说《没有人给他写信的上校》中写到的那个身处困境而又性格坚定的上校——“那坚硬的骨头似乎是用螺母和螺栓串连起来的”。

我相信，这是小海最出色的诗歌之一。简单的动机、质朴的情感、简练有力的句子、从日常生活中提炼出来的奇特感受和神奇的想象力，使平淡无奇的细小事物获得了强大的表现力。敲击疼痛膝盖的空洞的声响，令人惊讶地揭示了关于孤独、沉默和贫困的主题。这个声音呼吁着关爱与怜悯的情感。

抒情性一直是当代中国诗歌写作的一大难题。狂暴喧嚣的激情带来的美学灾难，以及与政治狂热的呼应关系，令人警惕。作为纠偏，极度的情感降温和冷淡症，又使得抒情陷于干涸。在这一点上，小海诗歌的抒情尝试，可以说是一个启示。他从古老的抒情诗中汲取了原初的美学经验，与现代人的日常生活经验结合在一起，有的诗作看上去就像《旧约圣经·诗篇》和《诗经·国风》式的质朴、单纯的抒情诗。

令人感动的热情使习以为常的经验变得光彩照人，通过直接来自日常生活本身的感受，传达了一种日常的、乡间式的智慧，就像古老的格言。有时，他的诗句就是对古老格言、老生常谈的直接化用：“浪子啊你前世的罪孽今生不再重犯/像那涉河的白象永不退转”（《命运》）。

它兼具弗罗斯特的质朴的智慧和西默斯·希尼的坚硬的力量：点石成金的智慧，“化腐朽为神奇”的力量——这就是小海诗歌的魅力所在。从某种程度上说，小海的诗为解决当代中国诗歌的“抒情性”难题，提供了成功范例之一种。

韩东在评价小海时说：这是一个早熟的天才。天才而又早熟，对于一位诗人而言，应该是一种幸运，但也很可能是一场灾难。我们可见过许多早开的花儿迅速悲凉地凋谢。然而，尽管在小海的头上并没有那些荣耀的桂冠，但他却得以幸运地避免了这种“天才的宿命”，这不能不说是一种最大的荣耀。

个人性、寓言诗与中国诗人的抒情经验

——论小海的诗

徐国源

摘要：小海作为“新生代”诗歌群体的“元老级”人物，见证了新诗流变的轨辙。小海坚持“个人性”的诗歌实验，其“北凌河”是一个寓言式的命名场，具有文学地理意义。小海近期的长诗写作以东方人的思维方式，展现了新诗的文化回归，为中国诗歌写作提供了独特的文学经验。

关键词：小海　个人性　寓言诗　中国经验

二十年前，小海初到苏州，我曾经向这座盛产“小巷诗人”、有着光荣诗歌写作传统的古老城市，撰文推荐这位优秀的诗人，我在文中写道：这座曾经宁静的城市，今天已略显躁动、喧嚣。现在，我们终于有了小海，这是诗歌带给我们的惊喜。在我们的小巷深处，从此多了一个醒着的、像河流一样日夜吟唱的小海，他的灵魂将会照亮城市的黯淡。这是我们的幸福。

在苏州，除了日常工作、生活之外，小海就是写诗。在离开了他熟悉的“北凌河”，来到江南的古城苏州，小海似乎仍沿承着他父辈的“乡村式”的信条：“迷蒙夜色中 / 我的父亲仍在扶犁耕作 / 那些天空中陨落的‘厕石’/ 像蚱蜢　蹦向他锋利的犁头”（《父性之夜》）。我总觉得，小海的血脉中始终保存着最质朴的基因，这非常难得，也令人动容；他只以自己的诗作来发言，就像农民只相信耕作土地才能换来衣食一样简单和透明。他似乎不懂得靠诗歌之外的东西来博取"诗人"的名声，既拒绝把写诗看作"行为艺术"以自我炫耀，也不沾"江南才子"常有的脂染传闻来博取读者的"眼球"。

小海在自己的园地中耕耘，一直坚守着诗人的本分，由于内心充满着单纯的快乐，因而他身心健康，对当代诗坛的怪状始终有着本能的"免疫力"："纵观当代诗坛，投机取巧、苟且钻营、结党营私、盲目短视、夜郎自大……不少诗人忽视了诗歌生产之于诗人个体劳动这种健康、正常的关系，忽略了诗人必须为此付出代价这个关键环节。"[1] 在当代诗界，恐怕都会承认，小海在所谓"新生代"诗歌群体中称得上是元老级的人物，但他除了早期与"他们"有些关系，后来则几乎不属于任何诗歌群体或帮派，只认写诗。显然，写诗已经是小海生存意义的所在，他甚至忘记了文学风旗的易帜变幻和诗歌生态的潮起潮落。

"个人性"的实验

小海的诗歌写作，大致伴随了三十年来新诗流变的轨辙，也见证了新诗"由盛转衰"的关键时期。因此，我们不妨先透过对小海诗歌的外部空间的解读，来探讨当代诗歌一个颇为纠结的问题，即中国新诗的"现代性""民族化"所面临的深层困境，进而评价小海诗歌"个人性"探索的当代意义。

我们来看看小海等一批诗人所置身的诗坛环境。自 20 世纪初新诗初创以来，其实就隐含着一个价值判断，即：新诗是现代的，是先锋的，甚至是西方精神的。所以，新诗之所谓"新"，就在于它不同于传统、

1 小海：《面孔与方式——关于诗歌民族化问题的思考》，《诗探索》，2000 年第 1 期。

古典之“旧”，是建立在“推倒重来”的基础价值理念之上的，由此也就形成了“新即现代”“新即西化”“新即美”的价值判断。因此，在总体上说，一百年来的中国新诗实践，可以看作是“拥抱西方”的诗歌现代化实践。

人们几乎认定，中国新文学的出路在向西方学习，而西方的现代诗歌经典已经提供了“美”的标准，这也构成了一百年来中国新诗的“戒律”。如此，中国的新诗人就面临着一个深层的尴尬，即他（她）身处东方，用的是汉语，写的是中国的现实生活，但又不得不用西方现代诗的标准和翻译过来的西方文本，作为借鉴学习的“典范”。我以为，与中国古典诗人“我诗写我心”不同，当代的中国诗人是普遍存在着一种精神焦虑的：一方面，他要用西方的审美标准来反观自身，但一百年以来，似乎又缺少一种普适性的现代诗的美学理论体系来引导自己；另一方面，汉语诗歌写作如何与西方审美经验有效结合，中国诗人似乎也缺少引以为鉴的卓越实践和优秀范本。中国当代诗歌的“理论缺失”和“典范缺失”的状况，使中国诗人只能展开自身的“个别性”的探索，我们讨论小海的诗歌，我觉得也要结合解读这一“外部风景”，进而来评价他的新诗写作的“个人性”探索实践。

很长时间，小海一直被称为“中国的弗罗斯特”。确实，读小海的诗，常常让人想起诗歌里的弗罗斯特，以及19世纪法国画家米勒笔下那些有关乡村和田园的不朽名画。如果从某个方面而言，小海发乎天然的抒情气质，以及那种“语言的清晰性和光亮度”，包括《田园》（1991）和《天光》（1992）等，小海的诗歌都有着类似于挖掘者希尼和砌墙者弗罗斯特相似的根基：一种叙述的恬淡气息，明显的泥土味和劳作者的呼吸，如此，一些读者和评论家冠之以“中国的弗罗斯特”，并不奇怪。但需要追问的是，小海如何获得这种“弗罗斯特”的类比性？

我以为，恰恰是小海在坚持“个人性”探索和“个人性”实验方面，使东、西方诗情相遇拥抱，给人以“中国的弗罗斯特”的神似之感。《自我的现身》诗中有这样一些句子："那把锈蚀的铁锹 / 紧咬着一条细窄的田埂"，"我为我所见的事物 / 现身"。小海的自我言说，可以看做是对这种"个人性写作"所做的注解，因为在他看来："每个诗人感悟诗情的方式都不一样。每个诗人都为他自己'所见的事物 / 现身'。就像你指出的'气息'，对一个自觉的诗人来说，这种气息应当是与生俱来的，后天的训练和经验只是在强化罢了。"[2]

至于小海的"个人性"写作，如何与西方弗罗斯特相遇？我们可以说，在小海那里，与其说是他自己要刻意成为弗罗斯特，而毋宁说是因为小海与生俱来的"气息"，以及它所具备的一种隐逸品格，可能与弗罗斯特在精神上有契合神交，给人以阅读中的"神似"之感和比附联想。在这个问题上，或许可借用钱锺书先生的话说，就是"东学西学，道术未裂；南海北海，心理攸同"。也就是说，不同文化地理虽构成了东西方诗人的某些"差异"，但这种"差异"并不妨碍"道术"和"心理"之攸同，而且，在东西文化广泛交流的今天，诗心的距离其实也并不像人们想象的那么遥远。

寓言式的"乡村"

应该说，为小海赢得诗歌荣誉的，是"田园与村庄"系列诗歌。在长达二十年的诗歌写作中，他一直流连于"故土"和"童年"这个宏大命题，尤其是北凌河与村庄，更是小海作品的命名场和主题原型，同时他的"田园"写作也完成了诗人的自我定位。北凌河，据称这是诗人故乡的一条小河。小海说："一条完整的河流好比一个白昼。"（《北凌

---

2 小海：《小海访谈：我不赞同技术至上》，《诗潮》，2005 年 9—10 月号。

河》），北凌河就是小海的白昼，照亮了他的诗生活。

早晨的北凌河
像影子的幽灵
但又从影子中分离出来
我因为大地成为一个人的囚犯
而幸福无比

深虑静谧的大地
不断摇荡变异的河水……

早起的鸟儿
展示微风中的身体
那些尘土
那些沉浸淫欲中病苦的人
我用我的身体置换心灵的圆满和宁静

——《置换》

小海的“北凌河”，他心目中的圣地，是他梦开始的地方，其实也是他的诗歌特质和抒情风格的直接源泉。张闳指出，小海的诗甚至可以称之为“河流诗”，“这不仅仅因为他的诗作多涉及河流，更主要的是因为其诗作具有河流一般的品格。河流在小海的诗里，既是抒情的动机，又是抒情的通道，促成了小海诗歌的委婉曲折又不失清澈透明的风格”[3]。此话不虚，小海的诗歌和河流紧密勾连，这为中国诗歌写作提供了独特

3　张闳：《小海的抒情诗》，《当代作家评论》，2002年第6期。

的文学经验，而且可以相信，小海的“北凌河”注定会成为中国新诗史上值得探讨的审美意象和地理文化品牌。

与一般诗人偶一为之的“乡村”写作不同，小海的田园和乡村具有反复吟咏的持久性和连续性。这种“重复性”的经验，凸显了文学地理的符号意义，进而也使他的田园村庄系列成了一个寓言式的王国。小海在一次访谈中，曾做过这样的阐明：

> 简单点说，在我的诗歌中突然要寻找一个落脚点，那就是海安吧！我出生在那里，二十岁之前也一直生活在那里。假如我的诗歌像你说的产生了一些变化，那也是我想让诗贴近一点，或者说使之更具有真实性，如果它确实产生了如你所说的“抒情的唯美的调式”，那也不让我意外。同时，我也在调整，让诗歌更加真实地发生，自发地呈现。等你全部了解我的诗歌之后，也许你会改变印象。再比如把整个中国当做一个乡村来看，这个普遍意义上的“怀乡病”也就建立了。[4]

小海“把整个中国当做一个乡村来看”的诗性表述，使他诗中的“乡村”具备了“不是一个人，而是任何人”的文化价值，而“这个普遍意义上的‘怀乡病’”的象征体的建立，则使他的作品触及到了“寓言诗”的本质。在二十多年的小海诗篇序列中，小海的乡村色彩斑驳，它不只是得到了呈现，更是得到情感的呵护和润色，同时也在喜爱小海的读者中找到了共鸣和喝彩。请看诗集开篇这首《村子》：

4　小海：《必须弯腰拔草到午后·回答沈方关于诗歌的二十七个问题》，第286—287页，河北教育出版社，2002年版。

河水要流的
要把这些岸边的船载走
留下房屋、枯草滩、竹篱笆
光秃秃的树木

远处的烟囱很高
那是一座城市
你会到那里去
让女孩儿的手吊在你的脖子上
荡来荡去

这些村子的名字
很久就流传下来
而今，这些村子
只有在黄昏来临时
才变得美丽
人们愉快的问候声
也只是在黄昏，才特别响亮

在这首诗中，小海已经意识到，自己的血脉之地和想象的栖息之地，在越来越逼近的“城市”的“烟囱”面前，也只能为它们唱起挽歌了。“河水要流的/要把这些岸边的船载走”，他的寓言中的村庄、田园、河流、童年，已经失去了延续千秋的梦想，而只有了黄昏的记忆和想象，如此残酷，如此悲凉！在这里，小海把心中王国的崩塌，放在时代巨大的历史语境中去考察，摒弃了意象和喻象，对事物和状态作直接指认和表达，由此获得了希尼和米沃什的理性深度。更有意味的是，诗的外在状态（许多意象）与诗人的情绪就此形成了一种及物与对位的关系，在这里，那种与现代性抗衡的作为堡垒的乡村已经不复存在。“乡村与田园的结构，不再是固定不变的、超稳定的和安全的，而是处在世界急剧变动的前沿，充满了光线和色块的明暗对比和各种力量的消长变化；村庄作为一种生活的场所，只是在回忆里才得到暂时安顿，也只是在回忆里才变得美丽，连‘人们愉快的问候声’，也只是在回忆里才‘特别响亮’。”[5]

抒情诗人的“中国经验”

再回到二十年前，我在评论小海的短论中曾以为：小海的诗受西方的影响较大，尤其是弗罗斯特对他诗歌意象的捕捉、画面的选择、语言的组合，都有很深刻的影响，甚至断言小海是“中国的弗罗斯特”。但最近十年来，我觉得小海虽然说得很少，但似乎一直在探寻中国人如何抒写中国现代诗的新境界。这主要表现在他的《大秦帝国》《影子之歌》和《家庭亲情系列》等一系列作品中，小海似乎找到了中国人自己的价值和美感，以及属于中国人自己的情感表达方式，包括：用晶莹剔透的意象表现复杂微妙的寓意，用口语化、很有语感的白话抒写亲情伦理，用灵心意会的私言诗语表达步入中年后的“幻化”感觉，等等。我以为，小海的诗歌越来越带有中国的本土特色，如小海在诗歌所说的：“我们从未进入死亡 / 亦如我们从未回到真正的故乡”（《恒久之美》），显然他对中国诗人多年来的“文化迷失”是有深刻反思的。

中年后的小海已经走出了“现代”“后现代”的纷争，开始用中国诗人自己的歌喉唱自己的歌，它“遥远又宁静 / 就像歌和琴弦上的光芒”（《岁月的花朵》）。这种中国诗人的歌调，特别鲜明地反映在他的两

5　刘歌：《论小海的诗歌创作》，《中外诗歌研究》，2004 年第 3 期。

部风格迥异的长诗——《大秦帝国》和《影子之歌》，它们展现了小海非凡的创作激情和活力,同时也预示了小海用现代汉诗走向世界的可能。读这两首诗，一如既往地需要“听力”，小海诗中回响的旋律，维持了汉语诗歌语言的音乐性,为自己的诗注入了声音的美感。更为可贵的是,《大秦帝国》通过一面镜子、一段老城墙、一缕早已经消失的战火、一个陶俑或者一段失传的《广陵散》来传递出他当下的心跳和血液热度,表现出了小海关注视野的开阔和对历史语境的涉足。“这部作品证明了小海对重大题材的驾驭能力、叙述能力和穿越时空的结构把握能力。他不是简单的‘古’‘今’对应、互衬，也不只是语言上的‘互文’，而是打破古今界限后的心灵映现。”[6]《大秦帝国》在当代诗歌界引起了热烈反响，李德武甚至将它与艾略特的《四首四重奏》、帕斯的《太阳石》以及里尔克《杜伊诺爱歌》相提并论。

2011年，小海又在《作家》杂志上发表了长诗《影子之歌》，这次他把目光聚焦于一个与人随行的——“影子”。诗人书写影子，并将诗集命名为“影子之歌”，实际上是诗人在经历了人生经验的沉淀、生活的感悟之后的一种哲学沉思。因为在他看来，这种“人和影子”的转换随时随地都在发生：

小时候，
我常常在院子里踩我的影子，
兴奋得大喊大叫。
我对影子感到惊奇，
好像是我一个并不存在的同胞兄弟似的。
在异地老去后的晚年，

6　李德武：《小海：朝着背离自己的方向前行》，《红岩》，2012年第5期。

影子像一条易主之犬，
又认出了旧时的小主人，
泪水涟涟，失魂落魄。

《影子之歌》照例朴素而单纯，但又是人类复杂心灵的图集。小海将抽象之思渗透在肉身和俗世的情态中，让人们在阅读中重新体味和审视人与外部的各种关系。“影子”作为强大母题，与生命交织，是我们的存在形式；它深及文化哲学，反映了我们的身体与心灵、事物与世界的“阴阳”关系。在诗歌中，小海以东方诗人的思维方式，展现了文化的自我回归，同时也令人想起希尼的名言：“我的诗来自忆起的事物，往往来自久远的过去，或者，我看到的事物唤起了其他的记忆。有时候，一件事物本身具有一种气息、一种吸引力、一种封闭的意义。”[7]

从小海近期的那些纯美的句子里，我们听到了一种声音，那是小海的声音。这声音中融汇了中外古今，自成一家。可以说，如果没有小海，中国当代诗歌的音域是残缺不全的。这表明了诗人的成熟，同时他的写作也一定会给中国新诗的现代性、民族化的实践，提供独特的抒情经验和启示。

7　希尼著，朱玉译：《聆听诗行的耳朵：写与读》，《译诗》，第124页，武汉长江文艺出版社，2013年第2卷。

诗歌经验散论

小　海

一

诗人们常常囿于一些成见，而导致对诗歌经验意识的轻视。因为，诗人认为，诗歌受到它自己的命运，即不可知的必然性的摆布。所以，谈论诗歌经验就常常是不讨好的行为。

二

千百年来，诗歌的审美经验陶冶甚至创造了人类心灵的丰富性、多样化和敏锐度，使人生多出了一重意义和价值。

在现实生活中，诗歌是我个人消化、消解生活的运动，是对自我视角、自我方式的确认和肯定，是将混乱的、有问题的、甚至病态的生活归入自己可控范围内的努力，可以点亮、照明一些晦暗，转化生活与环境压力，固定和生成生命文体的方式，类似一种命运的指引。

三

“中国式的经验理性，其特点是从个别到个别，从特殊到特殊，从具体到具体，因而主要的问题是‘怎样做’的策略，主要的方法是象征和类比的修辞。希腊式的理论理性，其特点是从个别到一般，从具体到抽象，因而主要的问题是‘是什么’（定义），主要的方法是演绎与归纳的逻辑。——按当代语言哲学观点来考察，中国式经验理性具有语境信赖和语用原则的特点。中国人历来不注重言辞错误不错误，而注重言辞恰当不恰当，奥斯汀所谓‘不恰当言辞错误’正好是中国人通常关注的问题。”（程广云：《论哲学的多样性与对话的可能性》，《哲学动态》，2012 年三期）

诗人对语法的专政是独一无二的，注定了当代诗歌语言经验也是具有从个别到个别、从具体到具体的特点，汉语在不同的语境中会有完全不一样的意思。有许多关于外国留学生学汉语的笑话段子。比如“什么呀”，可以是问为什么，也可以是表达反对或者不对的一个反问句。汉语本身就是有语境信赖和语用原则的语言。汉语措词得当与否有时是不合语法和言辞用法的，但是它能正确和确切、微妙地表达意思。

诗人们对此当有更加深入的体察。

四

诗人不断对外界的刺激和自己的体验加以过滤，去甄别那个诗歌女神的声音，他要用心去倾听而不是已被尘世污染了变得麻木的那个大脑，他要在纷纷扬扬的所有言说中去找寻那个召唤他的声音。既有的语言和词汇常常都变成了障碍，不足以表达这一刻的感受，他要创造一种新鲜的言说方式，语言的局限有时让他绝望和半途而废，他不能拥有他捕捉到的那个声音，他的语言不能及物，有时现成的语言体系会像审判异端一样将那个声音自动赶尽杀绝。这种强大的“过滤”功能有时也让诗人徒唤奈何。

所以，谈论诗歌经验常常有一种置身悬崖绝壁上的感觉。

五

我们的诗歌被平庸化、平面化和相似化，是因为当代生活的一致性、公共性和趋同性造成的。比如，我们在消除城乡差别，力求迅速城市化和一体化，人口集聚，彼此靠拢，接受文明、制度的规训，我们被城市乌托邦迷惑，人在公共生活中必须学会公关，学会妥协、屈从，化解冲突，调整适应，因为个人要追求安全感和舒适度，必然要被再教育、再塑造，被融合，被“文化”，个人的天性禀赋也同样如此，除非这个个体特别强大，拒绝被异化，成为附庸。

六

诗歌经验传达给我们的常常是固定不变的概念，惊奇、意外和偏差常常又是要被取消和牺牲的，诗歌开放、易变的本性却要求诗人积极行动，来扩展、改良和修正诗歌的经验，行动优于经验，想象力的边界超越经验。诗歌经验得以形成的基础应当是表达了共同的诗歌理念和价值，也表达和贡献了诗人个体与诗人群体差异性的思想和语言。诗歌经验不是既有的概念绑架的对象，保守和落后于诗人的创造，诗歌经验的世界面向当下和未来的一切诗人。经验的世界充满变数，不能依赖于过去，必须应对新变化的刺激和挑战，这其中，诗人灵感来源时的一颗初心和原初创造的价值无所不在，尤其珍贵。

七

对诗歌经验的认知和体验必须从整体性上去把握和考量，即便如此，人们在诗歌经验上的不同体验之间的差距，往往体现在是从本体论还是从认识论的出发点不同而引发。本体论者是指从诗歌经验本身具有的整体特性出发的，而认识论者是从自己特定的思维定式和逻辑前提下的整体性出发的。

八

诗歌不解释世界。诗歌让人产生行动的力量，诗歌也在改变着我们的世界。

现成的诗歌经验关心的是不变的现实和满足于既往的诗歌何以如

此。今天的诗歌，通过更加开放的思想和生活，诗歌的经验变得可塑，是由全体诗人们在实践中创造探索的行动决定的。

九

诗歌经验的建立，比对诗歌语言共同体的总结更为复杂。在诗歌语言与诗歌经验之间存在着一种奇特的张力，这种张力包括文言与现代汉语语义转换上面的，也表现在新诗主体性构建和确立方面的，还有诗人们在动用语言遣词造句的创作实践中对诗歌经验的改造、背离的新期待（期许）方面的，同时，诗歌经验是在诗歌这一概念的诸多具体关系中得以体现。诗歌经验赖以存在的模糊性和包容性也是不言自明的。

十

诗歌经验本身就蕴含了神祇性和神话意味。因为想象力是诗歌经验的图腾基础。这样，诗歌经验就能“引导”你进入古今中外的一切诗歌文本和诗歌发生的情境，甚至进入诗歌的未来。经验的领域扎根于所有的诗歌文本和诗歌行为，诗歌独有的审美体验显现的经验还只是一种有限经验，诗歌经验的拓展和改造，跨越了我们诗歌经验的传统局限，改变我们审美体验的力量如大时代的冲击、社会转型中人类散居行为的改变、跨界艺术的影响、诗歌审美的去中心化和多元取向等等正在发生，已经建立的诗歌经验总是有待于未来的经验来不断完善、修正和更新。

十一

个人诗艺的形成，是诗艺在语言成为工具实践后确立的审美向度之一，是对诗歌创作中提炼出的、源自个人审美感觉经验的抽象化，一种想象力根源的挖掘和规则化、理性化的总结。

十二

今天的诗歌评论家常常是以二元论来看待上世纪 80 年代以降的诗坛。口语与经验、身体与心灵、理论与实践等问题上应当以整体论来加以对待。因为，一个事实是，诗歌的走向既不是仅仅以感官体验和口语的明晰所决定的，也不是仅仅以我们的阅读经验和其他的知觉背景所决定的，诗歌经验不只是身体维度的感官经验，身体行为是经验领域的物质出发点，是驶向语言风暴中心的起锚地。诗歌经验也不只等同于语言经验，而是上升到全体诗人所创造的共生价值观为基础的那种总体语境的作为，并最终指向具备强大总摄能力的那么一类诗人，一方面既保存和发展诗歌的经验，另一方面允许差异和批评，又能交流和分享自身的经验。

十三

常常看到对现当代诗歌史的综论和对具体诗歌的分析、解构，对诗歌经验的认识仅仅停留于社会学、现象学和流派论的阶段，或者是生拉活扯地纳入各自的“经验系统”“不同的方式”中去，“牺牲”掉的往往是诗歌自身。

十四

诗歌的目的不是为了停留在纸面上。诗歌是有行动力的，它有履行我们艺术欣赏习俗的和经验的功能，它有文化批判的精神。诗人在追随自我的神祇的同时，也在制造生活的多样性和差异性。诗歌是诗人个人介入生活的艺术。中国古代的诗人们创造和形成了一种诗歌可以使生活获益的形式，对诗歌的训练、践习是日常生活中的一部分，他们仗剑出游，松下参禅，彼此唱和，诗歌是一种教养，更是一种生命行为，他们的身体力行，与他们的生存情境和全社会的倡导和有效参与人群有很大关系。包括后世的顾城、海子等诗人用最决绝的方式向生活表达质疑，而另一部分有强大生命力的诗人是以其生命实践的正效益投入生活的。用身体和生命努力修正和重设的诗歌传统是一种惨烈的身体写作行为艺术。

十五

一旦深入诗歌具体的鲜活文本，诗歌经验中的普遍性向度常常会被其中的个别性、特殊性、多样性所质疑、冲淡甚至颠覆。这是诗歌经验通常会碰上的悖论。可以看出，诗歌经验有以文本细读、解析为基础的趋向和以诗歌史及诗学理论为基础的趋向，这是两种方法上的分野。也正是基于上述有趣的悖论，在碰撞和博弈中拓展了诗歌经验的疆界。诗歌经验需要兼顾具体的文本与诗歌史及诗学理论两个向度，重视和聚焦具体文本可以汲取鲜活的诗歌养分，关注和考察诗歌史及诗学理论可以纵观历史、厘清来龙去脉并进而上升到抽象的高度。同时要避免纠缠于诗歌直观现象与感受的描绘，也要避免可能落入机械、晦涩和止于形而上的陷阱。诗歌界激进人士对诗歌经验的拒斥一方面是矫枉过正，另一方面也不是完全持之无据。

十六

努力将诗歌经验规范化、专业化，其实也是技术工具化乃至经典化。诗歌经验的综合能力，让诗歌写作的初学者容易产生只要熟练地掌握了其中的技术要领，可以成功复制的幻觉。一旦你进入创作状态，经验就会现身，暗示和引导写作者不知不觉一头扎进这个经验参照系统和有效程序中去，毕竟人的适应机能远比创造机能来得发达和高效。在这样的诗歌生成过程中压抑和否定的是诗人特定的、孤立的个人生活经验和意义，也是对诗人自身创造的自由意志的羁绊，从而不断侵蚀诗人真正的想象力、创新力和可塑性。这套经验参照系统甚至让麻木的诗人都不会产生“影响的焦虑”，因为它给了诗人基本的安全感，一种集体安全感，因为这是一种文字智力游戏中的技术保险机制在发挥效用。

十七

在新诗已有百年历史的今天，依然有人对新诗主体性提出质疑，真是匪夷所思。那些中国古典诗歌先贤祠中的主角们即便能够复活恐怕也不会赞同。在今日诗歌的整体风貌中去界定古典诗歌的位置是否合适和有效？即使是古典诗歌的界限还能够有空间可以拓宽，其边界也是十分模糊和难以判别的。

十八

经验，仍然是诗歌的核心问题。但诗歌不只是一个文本问题，而是指向心灵和生活的双重实践问题。

十九

从诗歌经验的相对性和绝对性的关系视角入手，无从精准地整饬整体性和科学性，或者界定彼此的适用范围。最终，诗歌的内涵与其外延之间鸿沟的模糊也表明了完全符合诗歌经验这一概念的诗歌可能是不存在或者不可想象的。因为通常我们理解一个概念的外延就是它所能适用的一系列对象。而脱离单个独特的诗歌之外去掌握诗歌经验概念的内涵也令人难以信服。

二十

消灭异端、抹平差异、追求同一的经验诗学是诗歌的大敌。无视共享，拒绝认同共享经验的谵妄状态的个人体验和极端个人叙述的独白，会使处于缺氧状况下的自我窒息。

同时，独立于单个诗歌作品之外去把握和定义诗歌经验又是那么的勉为其难。

二十一

一种经验理论脱离了诗歌现场，津津乐道于“先验—本质—形式”

领域的纯概念的推论演绎，或者把诗歌仅仅停留于语言分析层面，营造一套凌驾于一切之上的言说系统，想一劳永逸地解决诗歌理论与实践问题，无论理论演绎还是语言分析解构，均遮蔽了诗歌原创文本自身，忽视了诗歌的主体性。

二十二

诗歌的过去、当下与未来是有必然联系的，割裂了看不行。与此同时，在我们的诗歌传统中，一切皆有答案，一切答案又都可以归之于传统或者先贤那里。孔子说：《诗三百》，一言以蔽之，曰：思无邪。在庞德等英美意象派诗人那里，在美国"垮掉的一代"诗人、作家那里，中国古典诗歌对他们是一个"他者"，有着新鲜的养分。到了上世纪80年代，中国当代诗歌史甚至文学史，又首先是一部翻译文学史，其次才是中国当代诗歌和当代文学史。当代诗歌文学主体性的确立，是西方手法、技术加本土经验基础上杂糅而成的，是在一个"他者"的激荡下融合而成的。在全球一体化的大背景下，"化古""化西"已是文学当代性的题中应有之义。未来诗学的意义考验着诗歌的既有经验与实践。

二十三

中国诗歌经验常常讲究趣味判断。而趣味往往又是最难以用理性、抽象和定性分析来阐释的，它带有审美者的品性、文学"色香味"的私密气息和个人气质的呈现，如刘勰《文心雕龙》中《风骨》篇里，他主张"风情骨峻"；如钟嵘《诗品》中论风骨和词采，说曹植诗"骨气奇高，词采华茂"；说刘桢诗"真骨凌霜，高风跨俗，但气过其文，雕润恨少"；说张协诗"雄于潘岳，靡于太冲"，"词采葱倩，音韵铿锵"；都是风骨和词采相提并论。他引入"滋味"的概念，在序里说五言诗"是众作之有滋味者也"，又说诗应该使人"味之者无极，闻之者动心"，反对东晋玄言诗的"淡乎寡味"。论诗人的时候，他又说张协诗"使人味之衅衅不倦”，应璩诗“华靡可味”。另外，像唐末司空图在《二十四诗品》中概括的“雄浑”“冲淡”“纤秾”“沉着”等二十四种诗歌风格，周振甫在《诗词例话》中总结的“刚健”“柔婉”“平正”“繁丰”“细密”“疏淡”等等，都可以说是从个人诗歌美学趣味出发推而论之的。袁枚《随园诗话》是性灵派创作理论的提倡者。性灵即性情也。他以为“诗者，人之性情也，性情之外无诗”，则更是将文人个人性情、趣味在诗歌创作中的作用发挥到极致。

二十四

诗歌经验的综合化、整体化和诗歌经验的离散化、零碎化是同时并存的。我们必须对它在纷繁复杂的当代社会生活和当代诗歌中所扮演的角色进行深刻的领会。这种并存式的分化，将带着各自的问题和可能展开探索和实践，松散地存在。一方面，诚如美国诗人路易斯·辛普森在《美国诗歌》所说：“不论它是什么，都必须有 / 一个胃，能够消化 / 橡皮、煤、铀、月亮、诗。”这是建立在强大的物质欲望、生活哲学、诗歌史、心理嬗变及进化法则等基础上的综合化、整合化的体现；另一方面，随着诗歌关注领域的不断拓宽和关注点的日趋分散，诗歌审美经验貌似以无主题、离散化、零碎化的倒退方式在前行。诗歌经验会不再适用于单个的诗歌文本和诗歌现象的情况会一再发生。如此理解，这种悖论才能得到貌似合理的解答。

作为诗歌艺术史、诗歌美学理论的经验也会遭到作为创作研究经验的挑战，上升到诗歌哲学的本质问题上，一种实用的方式就是将之简化为语言学范畴的排列组合，诗人与诗人的差异仅仅是语言排列组合运用上的不同造成的，这一方式对诗歌生成的修辞情境（发生学）、创造者的个人气质和诗歌鉴赏中的其他诸多要素一概忽略不计。或者是纠缠于灵感的触发问题上，这一诗人难以分享的、永远拥有的缪斯权杖或者圣杯是其诗歌经验中的难以企及的领域，更别说是诗人永久征服的圣地。

涉及诗歌经验的本体论时，许多诗人是神秘主义者的信徒，这是我们时常耳闻的：在灵感来临时，诗人不用创造而只是去倾听，接受“神授”。

二十五

克罗齐说，“一切历史都是当代史”。我想置换一下：古今中外的一切诗歌都是当代诗歌。同样，产生的一个结论是，诗歌经验的当代性也是毋庸置疑的。诗歌经验的普适性与特殊性固有的张力恰好正是由其普适性与偶然性的统一与诗人个体创造的特殊性之间“双面性”决定的。而诗歌内部的颠覆功能，又使诗歌经验的内涵和外延重新得以洗牌和开拓，划定新的疆界。诗歌经验对个人气质的观照，将诗歌的日常经验泛化，也将个人气质上升到理性的层面和高度来观照，以达到主观经验与客观经验的统一；另一方面，阅读者的主观经验和客观经验都是相对的、片面的，由于经验（阅读者自身）的能动性，两者既对立，也统一，客观经验又可以转化，两者的差异可以包容于自身之中，使经验接近或者实现其无限开放的本性，而不仅是一个保守封闭的语义学概念。经验是一个和诗歌文本自身一样动态的、创造性的、开放的体验系统，是关联性的关系总和。经验的本质必须也必然同它的判断（命题）对象相符合。

二十六

诗歌经验的生成过程是寄寓于不间断的诗歌阅读欣赏和诗歌创作实践之中的，同时，诗歌经验为每一位阅读者和创作者都“预留”下了广阔的现实空间和想象空间。

二十七

诗歌经验时常在制约和控制我们诗歌审美的全过程，不断提示和要求我们的感觉和概念得到确认甚至是完全确认，此时的诗歌经验是一个过去时态的认知概念，一个自我证明的认知游戏，一个保守机械的经验主义者。审美主体的能动性降为经验这个中介的被动俘虏。

完美的诗歌经验是一个整体性存在，它能够统摄并消解个体存在的“独特性”“片面性”，又使得它们在整体秩序中各得其所而不是适得其反。

二十八

由此可见，诗歌经验的一个显著特征是清晰的，同时又保留模糊性。模糊性描述是新进展、新方式提示诗歌经验新边际和其携带能力的不同含义。没有共同的概念，诗歌经验就不会存在和确立，这是诗歌语言共同体的要求。但经验又必须应对阅读者的新期望。

诗歌经验开放性也来源于能指的携带能力，一个自由漂移的能指对其至关重要。

二十九

我们定义诗歌经验的同时却发现诗歌经验却是一种崭新的时间行为。我们日常阅读中共同的诗歌体验在改造着我们，我们将面临什么样的诗歌经验？又如何重新思考诗歌经验的概念？诗歌经验是否也在定义我们？有一条是肯定的，关于诗歌经验的准确的定义再不可能唾手可得了。诗歌经验并不是亦步亦趋的诗歌的仆人，更不是简单的分子和分母的关系。诗歌创作机制和行为迫使诗歌经验生成机制的调整和改变。过去，通常的读诗先是兴趣起作用，再是审美愉悦带来的确证和判断，等候下一次阅读的信息反馈就有了落脚点和相应的认知判断。现在，我们说一首诗已经发生了，可能是脑海里面的臆想和一种行为艺术，或者我们说将去超市发生（购买）一首诗歌，我们看到一种进程中的角色意识，这个大时代常常让诗歌发生学发生改变，让不可能成为可能，我们的现实和意识形态都在一个不可逆转的大实验之中，有时代表了毫无逻辑可言的诗歌逻辑，诗歌与诗歌经验的彼此来回撞击，都分别回应了各自自身的需要及其诠释冲动。

三十

诗歌曾经教化了古老的中国。

诗人是古往今来那些最优秀的诗歌邀请来的，那些伟大的诗篇在激荡人心的同时，也让诗人们跃跃欲试。

但诗歌常常是一种瞬间的真理。

时常是，诗人听任直接的明见（直觉）指示，语言的作用仅仅是用即刻呈现来澄清这一当下的直接明见，诗人对直接明见的信赖甚于对诗歌经验和语言的信赖。当诗歌经验关注的方式和视域发生这样的改变时，诗歌经验的研究方式本身就蕴含了革命性的张力。

三十一

在一个强大的诗人这里，诗歌是没有历史的，诗歌就是一种脱离群体的方式。诗歌既是他保留的哲学，也是他生活的欲望。他阅读的目的是为了抛弃所有的书本，而不是为了掉书袋。《金刚经》中有：佛说般若波罗蜜，即非般若波罗蜜，是名般若波罗蜜。

经验也作如是观。

金克木说书都读完了，也有这个意思吧。

所以，诗人只终老于自己创作的诗歌中。

三十二

“我歌唱带电的肉体”，惠特曼一出现就将一堂生动的身体美学课呈现给国际诗坛，这也是一个全新的诗学视域，这种民主、乐观、诚挚、开放的诗风，把身体当成一个创造性的自我塑造的实验场，也是将完美主义和私人自我实现的“积极行为”结合了起来，身体和身体意识是我们了解和发现源初世界的出发点，是对身体和身体意识基础价值的重新体认、调控和肯定。他的诗指导和完善新大陆上人们的生活实践。这与同时代诗人们严峻、阴沉、晦涩、傲慢的诗风是那样的不同，一个诗歌的新时代到来了。

三十三

爱尔兰诗人希尼说："总的来说，我的诗来自忆起的事物，往往来自久远的过去，或者，我看到的事物唤起了其他的记忆。有时候，一件事物本身具有一种气息、一种吸引力、一种封闭的意义。当然，我非常乐于收藏东西；我曾写过一组诗歌，题为《保存期限》（Shelf Life），写的是收藏的东西、捡来的东西，比如几粒石子、一根铁钉、我们家里的老熨斗，等等。"希尼在《进入文学的感情》一文中说："诗是自我对自我的暴露，是文化的自我回归，诗作是具有连续性的因子，带有出土文物的气味和真确感。"叶芝则更加干脆地把写作视作"身体在思想"。理由很简单，诗歌创作不依赖我们自以为完备的明辨是非的判断能力。"诗叫我们触、尝，并且视、听世界，它避免抽象的东西，避免一切仅仅属于头脑的思索，凡不是从整个希望、记忆和感觉的喷泉喷射出来的，都要避免。"这可能也对应了叶芝和希尼两种诗歌风格之区别。

穿越历史的文化魅力

——“苏州传世名著”前言

朱栋霖

苏州是中国历史文化名城，文化底蕴深厚，历史上创造了一个又一个文化高峰，在中华文化史上作出了杰出贡献。她的文化积累与底蕴究竟体现在哪里？古城是苏州文化底蕴的物质建构。真正的文化积淀在历史长河中。我们的前辈留下了无数典籍，表述了他们的思考，也积淀起了深厚的历史文化。流逝的历史文化还要到历代典籍中寻找。所谓人文荟萃，丰厚博渊的文化典籍就是确证。

以人文荟萃著称的苏州，一个重要特点是历代文人众多，灿若星河。据《中国大百科全书》《辞源》《辞海》三典合计中国历代文化名人数，苏州古今文化名人数全国排名第一。这就造就了苏州历代著述卷轶浩繁。据《江苏艺文志·苏州卷》收录的古代苏州著者多达9178人，著述超过3万种，遥遥领先于国内一般城市。这些著述的内容丰富，论题广泛，举凡历史学、方志类，哲学社会科学类，语言文字金石学术类，文学家个人创作别集类，小说、昆曲、评弹类，美学理论类，医学类，建筑、工艺类等等，文化创造涉猎面广。其中大师杰构、名家力作，代有创新，星汉灿烂，辉耀历史，历代仰望。

“苏州传世名著”，是指，一、当时在某个文化领域的杰出创造，历史上居于全国领先，堪称苏州文化高峰的标志性著作；二、至今仍具有重要的文化学术价值与深刻的启迪意义。“苏州传世名著”是中国传统文化的璀璨载体，是中华文化精神的凝聚凸现。它的文化内涵与文化精神博大精深，呈现出中国文化穿越时空的魅力。

“先忧后乐”“天下兴亡匹夫有责”“以天下为己任”的思想境界与胸襟情怀。从范仲淹到顾炎武的思想一脉相承。这些思想境界与家国情怀、担当意识，也一以贯之地腾跃奔涌在苏州的历史长河中，活跃流动在从吴国孙武到晋代陆机，唐代陆龟蒙，宋代范成大、郑思肖，明代况锺、王鏊、梁辰鱼、冯梦龙、张溥、归庄的为人与著述中，近代冯桂芬（《校邠庐抗议》）、王韬（《弢园文录外编》）到章太炎（《訄书》）、金松岑（《天放楼诗文集》）、柳亚子（《磨剑室诗词集》）一跃而起，也正是这种思想的激励所为，喷发力行。“苏州传世名著”呈现出苏州虽是江南温柔繁华乡，但中华民族激越奋发的阳刚雄健精神与“天下为己任”的历史责任感、时代使命感一直是苏州传统文化的主旋律。

“苏州传世名著”，凸现出历代作者的完美人格与高健雅洁、自强自律的思想、精神境界。他们受儒家思想与传统文化教育熏陶，儒家强调的“仁义礼智信”成为君子道德人格修养规范与立身行事的准则，“修身齐家治国平天下”是其毕生遵崇的人生信条。陆龟蒙的乡土江湖情怀，范仲淹的先忧后乐思想，苏子美的沧浪情怀，范成大的田园情怀，梁辰鱼的借传奇究兴亡，冯梦龙的以情教化人，归有光居荒江僻壤成就道德文章，文徵明以人品端正高誉吴中，即使放纵不羁如唐伯虎也自豪“闲来写就青山卖，不使人间造孽钱”，被称为“寓气节于风流”。清代朱伯庐更直接写下《治家格言》谆谆教诲后代子孙。传世名著的作者们以其道德修养与人格魅力铸就了历代传颂的道德文章。令今人读其书，想见其为人。

“苏州传世名著”的历代作者以敢为天下先的创新精神，以丰厚的文化学术素养，以精进奋搏、追求卓越的进取精神，在中国文化的诸多领域创下了一流成就。他们的杰著作为标志性的成果垒起了苏州文化一个又一个高峰，领先了中国文化的走向。以“中华第一帖”《平复帖》传世的陆机留下了中国文学史上最先探究文艺美学的《文赋》，陆龟蒙、范成大、高启（《高青丘集》）分别是晚唐、南宋、明代文坛的引领性人物，自明至清，王鏊、王世贞、钱谦益、吴梅村、沈德潜先后执文坛牛耳于江南。以冯梦龙《三言》为标志，在中国文学界掀起一股市民通俗文学热潮，金圣叹独标“才子书”，评点《水浒》《西厢》，从理论上提高了“不登大雅之堂”的小说、戏曲的地位。他们的创作与评论开创了17至18世纪中国文学新潮流。自明中叶至清代，魏良辅、梁辰鱼、李玉、严天池、沈璟、叶堂、计成，留下曲律《南词引正》、《浣纱记》与苏州派剧作、《松弦馆琴谱》、《南九宫十三调曲谱》、《纳书楹曲谱》、《园冶》，成为昆曲、古琴、园艺界历代遵循的经典规范，至今是世界级非物质遗产昆曲、古琴与古典园林的代表性成果。

历代层累的传世名著，其自身就是中国文化的独特创造。它们在展示自身文化杰出思考的同时，又以苏州与江南文化特色创造了中国文化，一次次地丰富与拓展了中国文化的博大精深、弘伟深厚、深邃深刻、蕴藉含蓄，优雅与优美地展示了中国文化与文学艺术美学的多元华彩与丰富性，成为中国文化的高峰标志。

中国传统文化的一大特点是建构了《春秋》《史记》为圭臬的雄厚的史学传统，中华文化重视修史，“究天人之际，通古今之变”成为中国史学的庄严使命。苏州文化亦重修史。早期就有唐代陆广微《吴地记》、宋代朱长文《吴郡图经续记》，从南宋范成大《吴郡志》、明代卢熊《苏州府志》、王鏊《姑苏志》到清代冯桂芬主修同治《苏州府志》，还有各种分类方志野史，清代《百城烟水》《太湖备考》《清嘉录》，为苏州两千五百年留下了完整的历史记录，民国学者王謇《宋平江城坊考》则为这座历史文化名城建筑留下了严谨翔实的考证。这是其他城市不可比拟的。史学研究代表作还有清毕沅《续资治通鉴》、顾祖禹《读史方舆纪要》。清代顾沅编《吴郡文编》集苏州历代文献之大成，赖以保存珍贵资料，功不可没。同治状元洪钧著《元史译文证补》，以驻欧使节时所见西方文献纠正了明代修《元史》的错误不实，陈寅恪所谓新史学的三个方向，其实早在洪钧处已经开创了中国史学利用外国资料研究的先例。顾颉刚《古史辨》则开创了 20 世纪以新观念研究中国历史的先河。

经学乃古代学术研究的重镇、国学的核心。苏州历代有许多学者皓首穷经，做出了厚重成果而默默无闻。清惠栋《周易述》是易学研究集大成者，一代朴学大师俞樾寓曲园著《春在堂全书》五百卷，《古书疑义举例》见其深厚功力。章太炎为近代国学第一人，《訄书》是其早期代表作。南朝顾野王、陆德明的《玉篇》《经典释文》成为与经学相辅的重要学科小学（语言文字学）的开创性巨著。清代段玉裁《说文解字注》、朱骏声《说文通训定声》，为清代乾嘉学派的代表作，“说文”学的大纛。

“苏州传世名著”涉及门类广泛，开拓了中国文化的诸多被忽略空白的、新的领域，其一流成果至今享誉中外，如明代文震亨《长物志》、民国姚承祖《营造法原》、民国沈寿《雪宧绣谱》等。在中国医学界享有盛誉的吴门医派积累了丰富的医学理论，清初吴有性《温疫论》开其端，叶天士《温热论》、薛雪《湿热论》都是别开新路的代表作。

苏州的前辈留下的经典名著，反映了前人对中华文化的创造和思考。每一位前辈都有独特的创造，在历史上有自己的定位和坐标。揭橥“先忧后乐”“天下兴亡匹夫有责”的范仲淹、顾炎武的思考彪炳日月，冯梦龙、金圣叹、钱谦益、吴梅村、曾朴在文学史上的贡献也无人替代。昆曲、古琴、园林、医学、工艺等领域的独创、著述代有创新。这些独特的创造和文化思考、经验，显示了苏州文化的巨大魅力。

文化的魅力可以穿越历史的千年时空，民族文化是代递相通的。“苏州传世名著”是苏州与中国的文化财富。让留存在古籍里的文化在今天激活起来，推动优秀文化的创造性转化，成为涵养当代中华优秀文化的重要资源。

2016年8月28日

读万卷堂

注："苏州传世名著"（丛书），古吴轩出版社2016年10月出版

附："苏州传世名著"书目（50部）

《孙子兵法》	春秋　孙武
《吴越春秋》	东汉　赵烨
《比丘尼传》	南朝梁　释宝唱
《玉篇》	南朝梁　顾野王
《经典释文》	南朝陈　陆德明
《书谱》	唐　孙过庭
《吴地记》	唐　陆广微
《景德传灯录》	北宋　释道原
《范文正公集》	北宋　范仲淹
《吴郡图经续记》	北宋　朱长文
《范石湖集》	南宋　范成大
《吴郡志》	南宋　范成大
《高青丘集》	明　高启

《苏州府志》（洪武）	明　卢熊
《星槎胜览》	明　费信
《王鏊集》	明　王鏊
《唐伯虎全集》	明　唐寅
《艺苑卮言》	明　王世贞
《筹海图编》	明　郑若曾
《浣纱记》	明　梁辰鱼
《三言》（《喻世明言》《警世通言》《醒世恒言》）	明　冯梦龙
《东周列国志》	明　冯梦龙
《园冶》	明　计成
《金圣叹批评本〈水浒传〉》	明　施耐庵、金圣叹
《长物志》	明　文震亨
《温疫论》	明　吴有性
《有学集》	清　钱谦益
《梅村家藏稿》	清　吴梅村
《原诗》	清　叶燮
《日知录》	清　顾炎武
《读史方舆纪要》	清　顾祖禹
《治家格言》	清　朱伯庐

《古诗源》	清　沈德潜
《唐诗别裁集》	清　沈德潜
《太湖备考》	清　金友理
《周易述》	清　惠栋
《义门读书记》	清　何焯
《纳书楹曲谱》	清　叶堂
《缀白裘》	清　钱德苍
《浮生六记》	清　沈复
《说文解字注》	清　段玉裁
《清嘉录》	清　顾禄
《校邠庐抗议》	清　冯桂芬
《弢园文录外编》	清　王韬
《语石》	清　叶昌炽
《訄书》	清　章太炎
《孽海花》	清　金松岑、曾朴
《珍珠塔》	清　马如飞　民国　魏含英
《古史辨》	民国　顾颉刚
《宋平江城坊考》	民国　王謇

文化苏州的一次临水照花之旅

——读张苏宁《枕河人家》

杨 隐

“护城河围着古城绕了一个圈，白昼的阳光和暗夜的月光让这个圈晃动着美丽的波纹，仿佛为古城镶了一道不是金色就是银色的花边。古城墙沿着河水也走了一圈，八大城门错落有致地各守一方。……这河水从很古老的时候就开始流淌，流过隋唐，流过明清，一直流到今天。”这是《枕河人家》的开头。这部68万多字的长篇小说从一开始就显露了它从容不迫的气度。它并不急于进入情节，而是通过这么一段舒缓安详的环境描写将苏州古城丰厚的历史文化底蕴慢慢晕染开来，这是第一滴墨渗入宣纸的那一瞬间。

之所以用这样一个比喻，其实是想谈我的最直接的阅读体验。阅读这部小说仿佛是在看作者作画，在这里添一座桥，在那里放一座宅子，这里渲染民俗风情，那里素描评弹昆曲，所有的场景布置得那么妥帖得宜，所有的人物都显露独特的面相，依循自身的命运逻辑穿越百年的光阴交织在一起。我在想，《枕河人家》分明就是另一张《姑苏繁华图》，或者，它就是小说中那张萦绕着乡愁之惑的《枕河图》，它们是彼此的镜像，互相包含又互相映照。

整部小说气魄宏大，以潘家获得大盂鼎、大克鼎和《枕河图》，保护这些珍贵藏品，最后无私捐赠给国家为主线，演绎横跨晚清到千禧年的百年姑苏历史。这么一部颇具史诗品格的长篇小说，显示了作者驾驭复杂叙事的深厚功力。小说虽然取材于现实，但作者却致力于运用现代小说美学予以重构，在如何讲好故事上下足了功夫。

这一点首先体现在小说异乎寻常的绵密质地上。宛如苏绣，《枕河人家》有它独到的针法，每一针每一线都是那么细腻。小说中，现实和历史两条线索相互纠缠，第一人称叙述和第三人称叙述交替前行，形成精美的复调，结构整饬中有错落，读来丝毫没有杂乱之感。按照文本时间，《枕河人家》大体由十三段讲述构成，小说内部的时间风起云涌，每一个讲述者都会把你带到一个幽深的过去，又会被小说叙述者爱华一次一次拉回到现在。尤为可贵的是，这么多人物回忆的穿插，却一点都不生硬，反而变化万端，摇曳生姿。

就像普鲁斯特在《追忆逝水年华》中，借助那片神奇的“玛德琳蛋糕”而重返过去，《枕河人家》的作者显然也精于此道，总是借助特定的意象、物件一再让叙述拐弯：三、四章潘家祖上那段晚清历史，是通过一本叫做《潘文勤收藏史话》的线装书呈现的；五至十一章外婆潘丁兆君对自身成长的回忆，是面对“河水”而出现的幻觉；十四至十八章舅舅佳鸿关于家中藏品的回忆，是一层晒干的玫瑰花瓣的淡香带来的；二十至二十三章外婆潘丁兆君对于若文阿婆的回忆，闪耀于那几张被红卫兵小将践踏的若文阿婆的照片里；二十六至二十八章若兰阿婆关于那段书画藏品的往事，归因于慧心法师赠予她的那一串如梦般的茉莉花串；三十一、三十二章慧心法师周霞影对于自身遭际的解密，则在袁爱华为她医病的那一根一根银针的震颤中传来；三十六章外婆潘丁兆君对于初恋的追忆，乃是于悠悠笛声中展开。

《枕河人家》在叙述策略上的用心还不止于此，为了增加文气的灵动，作者每每会动用奇妙的想象来避免单调的平铺直叙。譬如卷一祖上第二章涉及新中国成立初大炼钢铁的背景介绍，小说居然将叙述视角转移到神仙们身上，让千里眼、顺风耳、七仙女、玉皇大帝、二郎神穿越到那个神州大地大炼钢铁的神奇时代，通过他们的对话将那段历史用一种戏谑的方式呈现出来，作者潜在的价值判断隐含其中，令读者在开怀一笑的同时又不免产生感伤之情。另一处非常经典而高明的叙述策略，体现在卷二青铜第五章对丁家与潘家人物活动的介绍。如何才能做到共时性展现两个家庭的日常生活呢？作者摒弃传统“花开两朵，各表一枝”的套路，仅仅动用了几只小麻雀就化险为夷。这一章开头叙述视角对焦于丁家，洋洋洒洒描摹了丁文元喜得千金、举家喜乐的景象，然后笔锋一转，这样写道：“丁文元的笑声惊飞了天井里的一对麻雀，它们升上天空后没有目标地朝着某个方向飞去，飞着飞着见着一个园子，正要在一棵梧桐树上落脚，不想树下也传来欢快的笑声。麻雀们懒得再飞，落到了最高处的屋脊上相互偎依在一起。这是南石子街潘家的后花园，主人潘祖云正在逗弄着刚满一周岁的孙子。”于是，接下来，镜头很自然地对准潘家展开敷演。几只麻雀的飞动，既精简了笔墨，又诗意地营造起共时动态的小说空间：我们侧耳倾听，就可以很自然地感知到丁家和潘家宅院里各自传来的脚步声……

《枕河人家》在如何讲好故事上的努力，还体现于诸多吴地文化因子的融入和汇聚。显而易见，这是一部浸染着吴地文化之水的苏味小说。作者攒土造人，将昆曲、丹青、中医等苏式韵味赋予小说中的男男女女，依着内心对于吴地文化的无限热爱和眷恋，塑造了一个个多才多艺、知书达礼、心寄苍生的知识分子形象。而在我看来，这部小说最大的主人公，不是护鼎捐鼎的潘丁兆君，也不是小说的叙述者外孙女爱华，而恰恰就是苏州文化本身。

作者张苏宁曾写过一首诗吐露自己对苏州文化的衷情：“生于斯亦长于斯，情之深故爱之切。古城赠我风雅颂，情怀化作桃李报。”作为一位苏州本土作家，又兼擅丹青，痴心雅玩，写这样一部苏味小说，对他来说，自然是水到渠成，再合适不过的。称之为不老苏州的临水照花人，我想也并不为过。

苏州历史文化底蕴深厚，源远流长。文化性格刚柔并济，血脉中，既流淌着《浮生六记》式的温文尔雅，也涌动着《五人墓碑记》般的慷慨激昂。其集聚的非遗项目品类纷繁，诸如苏绣、苏扇、桃花坞木刻年画、玉雕、缂丝、剧装戏具、民族乐器等，更是赋予了它“精致典雅”的文化品位。而最为珍贵的是，14.2 平方公里的苏州古城，历千年而不改本色，成为展现苏式生活的活的化石、活的风景。所以我们看到，《枕河人家》中既有温润如玉的丁文元、吴修竹，小家碧玉的若兰、爱华，也有性格刚硬的若文、林倩……而古老苏州的那些千古流传的民俗也在小说中得以复活和照亮，轧神仙、女儿节、走月亮、摸秋、腊八等，构成了小说人物行走的日常和空间。再加上那些园林古迹、老街深巷、小桥流水、昆曲评弹、丹青美食、诗词歌赋，以及历史传说共同营造的苏式生活氛围，让这部小说有了百科全书般的博雅品质和穿透力。

如此大面积、大手笔地在一部长篇小说中宣扬吴地文化，这在苏州作家中应该尚属首次。作者的企图显然不在于仅仅讲述一段传奇故事，而是借由这样一番某种程度上类似于冯梦龙《三言二拍》式的民间书写，构建日常生活的震惊美学体验。之所以说是震惊美学体验，乃是置于当下语境中来重新考量这个故事，当守护并非为了占有，你会发现这是一颗何等博大的文化赤子之心！是否可以这样说，《枕河人家》完成了一次泰伯奔吴式的道德丰碑的重塑？

同为苏味小说，《枕河人家》接续了陆文夫、范小青的“小巷文学”传统，只是相较而言，陆文夫、范小青的书写与现实层面的距离更近，对市民阶层的精神体察着眼更多，而《枕河人家》更为写意一些，它与现实的关系不是紧密贴着的，而是渗入更多的诗意，拉开了一点儿距离，它的主人公们保有的乃是一种标准的士大夫精神。从这一点上说，《枕河人家》在精神底色上与朱文颖的《浮生》倒有点契合，虽然两者是完全两种类型的小说，但它们都似乎在探讨变动不居的时代车轮下苏式生活中那些不变的文化结构。

总而言之，《枕河人家》为“小说应当如何处理地方性的文化经验”提供了一次颇为成功的示范。那么，怎样才是打开《枕河人家》这部长篇小说的正确方式呢？我以为，不单是要一直读到小说的后记，还应该继续往下读，读那一张浸染着作者对于老苏州深沉之爱的手绘地图，它是作者亲手所制，那些小说中人物生活经历的馆舍、街巷被细笔一一勾勒而出，翻看它，你的眼前仿佛真的升腾起那些旧日的街巷河道，那些老苏州的吴侬软语在杏花春雨中迤逦而来，满纸烟霞，那是吴文化的旌幡在招引魂兮归来！

苏州市文联文艺理论研究课题选辑

从“怀旧”到“后怀旧”

——城市化进程中苏州当代文化人的“乡愁记忆”

曾一果

内容提要：自上个世纪 80 年代以来，苏州城市在城市化、全球化进程中发生了翻天覆地的变化，在这一历史进程中，苏州文人的情感和心理状态如何？很值得探讨和考察。由于“乡愁”正逐渐演变为一种集体性的文化思潮和文化心理，国家和政府也开始反思过度的现代化和都市化，提出了“望得见山、看得见水、记得住乡愁”，因而在快速城市化和全球化的过程中，了解苏州当代文化人对于乡土的情感情况正变得越来越重要，本文就试图考察自上个世纪 80 年代，苏州当代文化人的“乡愁记忆”。

关键字：古城苏州　怀旧　后怀旧　文化人乡愁记忆

一、问题的缘起

在两千五百多年的历史长河中，因经济发达、文化繁荣、远离政治和风景优美，苏州一直为历代文人墨客所向往。在官方和私人的各种文字、图片和影像媒介书写中的“苏州”，经常仍是由小桥、深巷、园林和城墙等充满怀旧意味的意象元素组成，正是这些元素让无数苏州人对自己的家乡充满了自豪感，对于大部分苏州文人来说，苏州代表的是赖以生活的永恒的家园。一位苏州文人这样说：“苏州是一个美丽的词。

当我们撮起嘴唇把这个名字说出来，便会油然想到很多优雅的事情，除非没有来过苏州，除非没有听说过苏州——那实在是不可思议的大缺憾，这几千年文化结晶而成的美丽在这个世界上是不可替代、独一无二的。”[1]甚至对于一些外地人来说，苏州都是精神的故乡，一位后来定居苏州的人在一篇文章里这样谈他对苏州的感情：

> 数不清的外地人最终成了苏州人，爱苏州和爱故乡并不矛盾，在许多人的心灵深处，苏州本就是故乡。[2]

独特的自然和人文风景使得苏州成为许多人心灵深处的“故乡”。不过，进入 20 世纪之后，在“现代”的入侵之下，中国城市各个方面都发生了巨大变化，苏州也不例外，虽然不同时期的苏州仍保持了某种诗性特征，但是这种“怀旧”诗学不再是一种纯粹的田园诗意和文人的风雅浪漫，而是对急遽变化的现代社会之反应。在现代社会中，“怀旧”成为对抗现代社会的一个重要“武器”，虽然这个武器根本无力阻挡现代社会的入侵，但它却经常被厌倦现代社会的人们所利用。借助于“怀旧”，人们“怀念过去”，表达对“历史的感伤”，并通过对过去的怀念建构“自我”：“怀旧（就像记忆、追忆和怀想）深深牵涉到对我们是谁、我们要干什么，以及……我们要去哪里的认识。简而言之，怀旧是一种我们在永无止境的建构、维护和重构身份的过程中所采用的一种方法。”[3]在现代社会视域中，“怀旧”的过程其实是主体身份不断建

1　亦然：《苏州小巷·引子》，《苏州小巷》，第 1 页，苏州大学出版社，1999 年。

2　王少辉：《十年一觉苏州梦》，《苏州杂志》，第 41 页，2007 年第 4 期。

3　张英进：《影像中国》，第 323 页，上海三联出版社，2008 年。

构的过程，通过“怀旧”，人们将自己和过去紧密相连，并以此思考未来。

作为一个拥有小桥流水、深宅庭院和古老城墙的苏州，经常就是各种文字、图片和影像作品的“怀旧对象”，是文人们寄托家园情怀和乡愁记忆的场所。种种关于苏州的叙述往往都离不开小桥、深巷、庭院和园林等意象元素，这些意象与“怀旧”“诗意”和“乡愁”等词语紧密联系在一起。

二、记忆、怀旧与身份认同

“改革开放”三十多年来，中国各个城市迅速发展，但是经历一段快速发展期之后，不少人却越来越怀念原来的生活。1997 年，江苏美术出版社就陆续推出了《老北京》《老杭州》《老上海》《老南京》《老天津》等“老照片系列”，用摄影图片记录“老城市”，再现北京、南京、天津、苏州等城市历史上的街道、河流、桥梁、商店和人群以及他们的生活方式，以满足人们对过去的“怀旧之情”。其中就包括《老苏州》。苏州大学出版社也推出了苏州文化丛书，推出了书写苏州园林、小巷、山水、食物、街巷的作品。

香港学者洛枫在解释“怀旧”时指出，“怀旧”的一个重要特征是具有“美化过去的功能”,他还指出,“怀旧”是建立自我身份认同(identity)的一个重要途径：“‘怀旧’不独关于过去的事情，而且是联系现在、延续将来的；人们透过对过去的回想寻找自我，然后对比或反省今日的我，再推算将来的面貌，这完全是一个自我身份建构的过程。”[4]上述的“老照片系列”即通过再现“过去的城市”，唤起市民们对老城的乡愁记忆。例如《老苏州》的文字作者、著名作家陆文夫就结合摄影家所

4　洛枫：《世纪末城市》，第 63 页，牛津大学出版社，1995 年。

提供的图片，用抒情的笔调向读者讲述由石桥、老宅、古街、城墙所组成的苏州古城的“过往故事”，他还从身份认同的视角解释了为何在现代化浪潮中人们会突然“想起了过去”：

> 石桥、危楼、古宅、小街、石级，那些历史随意的洒落，却是生命的永驻，历史的残留；是往事的画图，似乎把自己也画了进去。
>
> 你在现代化的城市中驱车而过，看见摩天高楼上有无数的窗户，谁知道那里面是些什么，受了电视剧的影响，好像里面有色情、暴力和阴谋；……现代化意味着高速、方便、舒适，到处留下的是时代的标志，及科技力量的显示。人在巨大物质力量的面前显得那么渺小，生命变成了群体。几千人造出一个软件，几亿人在一个软件中疾走。人的寿命在延长，可在感觉上却是那么匆忙，好像未曾在某个地方停留过。于是，有那么为数不多的人，突然想起了过去，过去虽然艰苦，却在那悠悠的苦难中留下了不可磨灭的记忆，留下了他和我，于是便在历史的残留中去寻找生命的遗痕，在汹涌的潮流中去寻找那失去的自我。[5]

陆文夫强调人们之所以重温“逝去的岁月”，主要是出于对快节奏的现代化的反思和抵抗，他认为现代化虽然带来了高速、方便和快捷，却让传统破碎，让人“抓不住某些东西”，“自我”在现代化快节奏中消失了，他直言只有回到“过去”，才能找到“失去的自我”。古城苏

---

5 陆文夫：《生命的留痕（代序）》，《老苏州——水巷寻梦》，江苏美术出版社，2000 年。

州与“乡愁记忆”紧密联系，是与自我相连的“家园之城”。在“苏州园林文化丛书”系列的《苏州小巷》中，苏州文人亦然上来就这样讲述“苏州小巷”：“小巷是一个亲切的词。她使我们想起家，想起童年，使我们的思绪从纷繁琐碎的世事纠缠里一下子宕开很远，随意自适而恬然、怡然。”[6]

甚至在不少苏州文人看来，苏州不仅是“家园”，而且是中国本土文化的典范。2000年，导演刘郎执导了一部谈苏州园林的纪录片，这部纪录片与杨晓民、周亚平策划的《江南》《徽商》一样被视为人文纪录片的代表作。杨晓民在谈纪录片《江南》的创作时说：“江南是一个空间概念，也是一个时间概念，更是一个诗化的存在。我认为，江南与当代生活的联结点，或者说传统江南与当代江南时空的联系，更多是精神上或心灵上的。”[7]他特别强调了江南的“怀旧诗学”特征，并且将江南的“怀旧诗学”与当代人的心灵及精神生活联结起来。刘郎的《苏园六记》更是直接将镜头聚焦于“苏州园林”，用镜头再现园林所蕴含的“浪漫诗学”。园林被该纪录片视为最能代表苏州的城市形象：“苏州是不是园林，只看一眼这些立在街头的路牌就清楚了，世界文化遗产名录中所列入的拙政园、留园、网师园和环秀山庄就散落在苏州城的不同角落。苏州人的园林情结暂且按下不表，园林已融入了自己的家乡情，三句两句说不清。外地人到苏州，更是必须到园林里看一看……在许多人眼里，没有园林，苏州便不是苏州。”（《苏园六记》，2000年）“园林”成为苏州最可辨认的意象，让苏州成为林奇所说的有清晰标识的“一个可读的城市”[8]。“解说”还突出了园林对于外地和当代人的价值，

---

6 亦然：《苏州小巷·引子》，《苏州小巷》，第1页，苏州大学出版社，1999年。

7 杨晓民：《梦幻中的真实》，《读书》，2006年第10期。

8 凯文·林奇：《城市意象》，第2页，华夏出版社，2012年。

强调园林“不仅可以在喧闹中获取幽雅，而且可以从今日寻找到昨天”。整部纪录片由“吴门烟水”“分水裁山”“深院幽庭”“蕉窗听雨”“岁月章回”和“风叩门环”等六个部分组成，从不同角度讲述不同时期的园林景观和故事，展现园林里的建筑、花草、假山、亭台和门环包含的“文化诗学”。刻意再现园林的精致美景，幽静典雅，并突出园林与中国传统文人生活及精神的内在关联，园林的曲径通幽、亭台楼阁象征了中国传统文人淡泊名利、不愿随世沉浮的独立品格，以及超尘涤滤天人合一的“风雅人生”。纪录片告诉观众，苏州园林的高妙在于其“城市山林”，闹中取静。隐于朝市和寻常街巷的“大隐”“中隐”，若能自持其“心”，可不拘其“迹”，故可亦仕亦隐、心隐身不隐，而山水园林、诗书茶酒，也无不可隐，只要“居轩冕之中，要有山林的气味；处林泉之下，常怀廊庙的经纶”，仕隐便可两栖。江南文人好游山水，竞筑园林，追求一种恬淡闲适、风流雅致的艺术化生活，在很大程度上基于这样的隐逸观。[9]因此，当园主官场失意，在苏州城中圈起一方天地，叠山理水，构筑“城市山林”，与文友吟诗作赋，欣赏昆曲评弹，共同描绘一幅远离政治的、富有诗性的中国文人的文化生活图景。苏州园林代表了中国文人退隐山林、强调自我修行的文化精神：“而园林意境，就是在具体的、有限的园林景象中，融入对古代风雅的体会，融入与自然交流的体验，融入对人生哲理的体察。”园林代表了这个城市的最高精神。借助于对苏州园林景观的诗意展示，纪录片阐释了保护城市本土文化的重要性：“在这个新的时代，自己有特色的优秀文化越来越重要，我们为了自己国家的丰富的文化的整体，保护好我们的城市文化尤其重

9　陈江：《园林·书斋·茶寮——晚明江南城居生活中的“雅韵逸趣”》，《都市文化中的现代中国》，第 349 页，华东师范大学出版社，2007 年。

要，保护好园林也是其中的一部分。”[10]与《江南》《徽商》一样，《苏园六记》对苏州园林的“诗性展示”体现了人文纪录片的一贯立场，强调对中国文化传统的尊崇。尹鸿就指出《江南》《徽商》和《苏园六记》等人文纪录片是在现代化、全球化的环境中重新体认“自己的文化传统”：“通过制作人文纪录片的方式，重新承担起文化传播这样一个历史的责任。”[11]人文纪录片企图唤醒人们对传统文化的情感，并借助于“过去”和“传统”对抗“现代世界”。纪录片导演周亚平在谈及《江南》等人文纪录片时，更是指出之所以拍“江南”“徽州”，主要是因为“电视也可以作为记忆而存在的”，媒介成为个体记忆的工具。周亚平认为现实社会的道德混乱和电视过度娱乐化导致了“文化危机”：

> 我们也许没有宗教的信仰，但是应该有文化的信仰。中国本土文化的传承性、整体性、多样性都非常可贵。然而，经济高速发展中急功近利的心态，不仅带来了生态的破坏、环境的恶化，而且造成精神上的荒废。在这样的背景下，《江南》等作品表现出的文化关怀，就是为了寻找精神的文化家园，展现前人的文化方式。[12]

他希望借助于纪录影像的“视觉记忆”，唤醒人们的文化意识，重建人们的地方感情和本土记忆。《苏园六记》亦是出于对本土文化和道德危机的反映，试图通过对园林空间的记录和诗意再现，唤醒人们对中

10　这段话是《苏园六记》的电视纪录片“解说词”。

11　周亚平、尹鸿等：《记录、记忆与介入》，《读书》，2006年第10期。

12　周亚平、尹鸿等：《记录、记忆与介入》，《读书》，2006年第10期。

国本土文化的认同意识。小巷、园林都是文人留恋的地方，寄托了苏州文人对家乡的高度认同。

三、再现与消失

那些带有浓厚怀旧意味的文字、图片或影像作品，往往集中于一个过去的“诗性世界”，在这些作品中，小桥、深巷、城墙和园林作为怀旧对象被再次“召唤出来”以对抗现代化。但无论如何怀旧，人们必须面对现实。“一方面是旧的生活方式的衰微或死去；另一方面是对威尔士事物之兴趣的前所未有的迸发，以及非常自觉地行动起来保存或是发展他们。”[13] 像在霍布斯鲍斯、兰杰主编的《传统的发明》（The Invetion of Tradiotion）中所分析的那样，越是在旧的生活方式衰微，社会迅速发生变化的现代，对于传统的怀旧情绪也越发增强，18、19 世纪的威尔士人掀起保护威尔士地方风景和文化运动，恰恰是因为过去即将消逝。其实在《苏园六记》片子的结尾，我们就看到纪录片对传统世界日益衰落的危机感，“解说”已经从“园林”谈到了苏州古城保护的现实问题：“也许我们苏州人对于什么是真正的保护有过深切的体会，才对自己的家乡倾注了太多的心力。使得，漫说我们的苏州园林，就连那座与苏州长相厮守的古城标志，如果没有经过真正的维护，也不会在历史的风风雨雨中一直屹立到今天。苏州是个有名的古城，凝结了我们古人的智慧非常好的创造，苏州古城本来就是一项大的世界遗产，很可惜由于种种原因，苏州古城本来是最有资格作为世界的历史名城列入这

---

13 普莱斯·摩根：《从衰亡到景致：浪漫主义时期对威尔士历史的追寻》，霍布斯鲍斯、兰杰：《传统的发明》，第 48 页，顾杭、庞冠群译，凤凰出版集团、译林出版社，2008 年。

个的，现在只能把园林部分拿出来。”（《苏园六记》，2000年）“只能把园林部分拿出来”包含了诸多的无奈，苏州古城未能够以整座城市申请到“世界遗产”，原因便在于现代化的都市更新建设导致古城许多地方遭到“破坏”，新兴的建筑取代了许多古老的城市建筑，让城市原住民失去了“家园记忆”。而随着城市的扩大，就连城市的郊区和郊区之外的江南水乡也遭受到了冲击。

2006年，中央电视台《纪事》栏目播放了朱永琪拍摄的纪录片《远去的水乡》（上、下集）。纪录片的导演朱永琪是苏州人，他试图用纪录片记载自己的故乡所发生的历史巨变。而为了见证城市化进程中苏州郊区一个“农村的消亡”[14]，摄制组整整花了3年时间完成这部纪录片。这部纪录片虽然不能算作“城市形象片”，但却直接展示了震撼人心的城市化进程。纪录片中的斜塘镇南村原是苏州郊区的一个水乡，人们世代以种植水稻和捕鱼为生，20世纪90年代苏州工业园区成立后，这个位于苏州郊区的江南村落很快被划入“城市”，村民因此要离开土地，搬入城市生活。在笔者讨论这部纪录片时，该地区已完全成为苏州城市空间的“一部分”，丝毫看不出来曾经是乡村。

《远去的水乡》（上、下集）运用了里蒙·凯南所说的“显示”（showing）和“讲述”（telling）的叙事策略：“‘显示’被认为是事件和对话的直接再现，叙述者仿佛消失了，留下读者自己从他所‘见’所‘闻’中的东西中得出结论。反之，‘讲述’是以叙述者为中介的再现。”[15]《远去的水乡》中两种叙事策略对照明显：一部分是“水乡景观”的“显

14　谢勤亮：《纪事：记录时代的变化——访中央电视台〈纪事〉栏目制片人刘鸿彦》，《新闻记者》，2008年第10期。

15　里蒙·凯南著，姚锦清等译：《叙事虚构作品》，第193页，生活·读书·新知三联书店。

示”，另一部分是“迁离故事”的“讲述”。影像开头展示了江南的“地方景观”——河道、摇船、小桥、江南民居和独特的江南服饰，这样的水乡风景依然富有诗意，令人向往。不过，诗情画意的水乡风景在城市化进程中即将要消亡。影像重点是叙述城市化来临后整个村庄的“生活选择”，黑男一家人是纪录镜头的聚焦点，这个“四世同堂”的大家庭与其他村民家一样现在面临诸多问题：庄稼是否继续种下去？是否要到城市或者工地上寻找新工作？如何保证进城后的一日三餐？怎样分配即将到手的住房？值得注意的是，在片中，黑男全家对即将失去的祖祖辈辈生活的“家园”并不留恋，他们关心的是生活是否会因“进城”而发生改变。片尾有这样一个场景，在搬离南村的最后时刻，黑男全家特地在老房子前合影留念，但是男当家的却因为要“干活”，放弃了“拍照”。显然对他而言，“生活”远比即将消失的“家园”更重要，就连家里最年长的好婆吴小金也对城市充满向往。她一直身穿富有特色的水乡服饰，但当记者问她是否觉得水乡服饰好看，她淡淡地回答称这只是一种“习惯”。当问她对即将到来的城市生活感受时，她的回答是：“能成为城里人，总是高兴。”虽然传统家庭结构和村落结构即将瓦解，虽然将失去赖以生存的土地包括建立在这片土地上的日常生活和宗教信仰，但是镜头中的黑男全家以及全村人都还是平静地接受了水乡消失的现实，他们对本土的漠然之态与纪录片对本土浓烈的怀旧情绪构成了鲜明对照。

《远去的水乡》只是苏州城市化和现代化进程中的“一个缩影”。在20世纪90年代之后，不仅“水乡”逐渐消失，老城区的改造更是苏州城市发展的头等大事。城市改造集聚了更多矛盾冲突，是否真的需要拆除古老的街巷、小桥和老宅？拆迁后如何安置原住民？拆迁后是否能重建原汁原味的江南古城？这些问题同时困扰着政府、文化人士、市民以及都市开发商。苏州市政府的一篇调研报告开篇就说：“2500多年的悠久历史给苏州留下了一份丰富的遗产，2500多年的悠久历史也给古城的现代化建设出了一道难题。如何在保护历史文化遗产和古城传统风貌的同时，使苏州有机更新，焕发青春，成为领导、专家和广大群众共同关注的重大课题。”[16]《苏州日报》《姑苏晚报》和苏州电视台等苏州地方主流媒体亦连篇累牍地讨论古城保护和改造问题，文化界人士更是将古城保护上升到“精神家园”和“文化遗产”的高度。例如文化学者徐刚毅在其编撰的《苏州旧街巷》中强烈批评了那些随意改造城市的拆迁行动，强调悠久的文化遗存是“一座城市精神的延伸”，人们就是从古城苏州所遗留的“独特的风景”中“品出了这座城市的诗情”。与陆文夫一样，那些看起来破败不堪的、摇摇欲坠的古桥、院落、城墙和寺庙，在其眼中，不仅是富有怀旧诗意的风景，而且是人们赖以生活的“家园”，凝结着人们的“乡愁记忆”：

> 好多年了，有识之士一直都在呼吁，要保护苏州这座古城。然而很多很多的历史遗存，还是在人们的眼前轰然倒塌了，悄然湮灭了。以至于只有短短几十年的功夫，千年古城就完全改变了模样。“少小离家老大回，乡音无改鬓毛衰”，多少人叶落归根，回到家乡寻寻觅觅，却再也找不到自己魂牵梦绕的故里。即使是久居苏州的人们，只要一不留心，祖宗的基业，儿时的家园也就荡然无存。
>
> 只要社会在发展，城市就要建设，而建设自然就会有拆迁。哪怕是千年古城，如果不拆迁，人类文明的进程就会在这里止步。但是，当我们决定要在这座举世罕见的古城里进行拆迁建设的时候，最起码应该先搞清楚，什么东西我们可以拆，什么

---

16 苏州市委市政府内部资料，《苏州市委研究室调研报告选编》，第63页，2008年。

东西我们不可以拆！这点要求，不算过分，可是几十年来，我们都做到了吗？[17]

“儿时的家园也就荡然无存”，乡愁记忆的丧失是许多文化人所无法接受的。苏州籍作家王啸峰也对家园的变迁难以接受。在其散文集《吴门梦忆》中，他特地用“梦忆”来贯穿整个文章，叙述对家园的记忆：“我文章里写的大多是苏州城西的老宅，以及延伸出去的老街、古城和园林。这次出版社陈雪春女士要求我文章主题突出，就有了现在的三段式的布局，因为大多是陈年往事，所以以梦为题，有回忆的意味在内。”[18]但是快速的城市化，让古老的宅子、庭院都发生了变化，使得他的乡愁记忆不完全是美好的，也包含着失去的痛苦。

古老的小桥、深巷、老宅和城墙等正日益“远去”，成了文字、图片和影像中的“江南旧景”。对于苏州本地人而言，本土的生活、乡愁的记忆在城市更新升级中日益“远去”；而对于众多旅游者而言，美丽的水乡和古城风貌只是消费者的旅游场所，而非真正的“怀旧”对象。当然，即便这样的景色，也可能为他们提供在其他地方难以看到的“过去的苏州”，叶兆言在谈到古镇时就这样说：“虽然当地人觉得这些古镇千姿百态，有着很多的不一样，在来自五湖四海的旅行者眼里，仍然还是有些大同小异。旅行者千里迢迢地来到这里，看到的是水乡特色的‘粉墙黛瓦枕河人家’，看到的是青石板径木栅小窗，看到的是里巷幽长弄回路转。这些在一个现代化的城市里已逐渐消失的水域景色，终于

17　徐刚毅编著：《苏州旧街巷图录·序》，《苏州旧街巷图录》，广陵书社，2005年。

18　王啸峰：《吴门梦忆·后记》，《吴门梦忆》，文汇出版社，2014年。

让他们清晰地看到了苏州的过去。”[19]

四、全球化语境下的“后怀旧”

2016年，苏州市出台了《苏州市国民经济和社会发展第十三个五年规划纲要（草案）》，这个“草案”对苏州未来的规划是：“未来五年，苏州要努力打造为具有较强综合实力的国际化大城市。”苏州的目标是将自己打造为一个“国际化大都市”，“古城苏州”只是这个“国际化大都市”的一个部分。其实在上个世纪80年代，苏州古城面积只有22.63平方公里，随着现代化的发展，苏州城市已经并不局限于古城一带，而是被重新切割、划分为老苏州、新苏州和洋苏州三个板块——“老苏州”通常是指原来的“古城”，“新苏州”是高新区，“洋苏州”指的是苏州工业园区。媒体则宣称：“作为经济发达、现代文明的开放型城市，今日苏州已演变成‘老苏州’‘新苏州’和‘洋苏州’的共同家园。”[20]

“改革开放”以来所形成的新城市格局显然深刻影响着不同人对苏州城市的认知。在城市化、全球化浪潮中苏州日新月异的变化，“老苏州”其实逐渐沦为“新苏州”和“洋苏州”的附庸。例如由官方机构主导的城市宣传片《天堂苏州》（2007）重在呈现苏州城市的“新内涵”，强调苏州不仅有悠久的文化传统，更是一个与全球时代同步的“不断创造奇迹的城市”：“它用古典园林的精巧布局出现代经济的版图，用双面绣的绝活，突显了东西文化的结合，苏州正演奏着一曲传统与现代、人文与科技、古城与新区灵动交融的时代交响乐。”这一段“解说词”

19　叶兆言：《古镇》，《苏州杂志》，第1页，2010年第5期。

20　陶瑾：《寻根热后的苏州之家》，《现代苏州》，2012年第19期。

后来广为流传，成为诠释当下苏州新特征的名言。《天堂苏州》虽然同时肯定古今苏州，可水乡风貌和古城景观在整个片子里大约只占六分之一，金鸡湖、新区体育馆、园区教育园、新兴中央商贸区、大型物流园，以及张家港、昆山等苏州下属县市的现代城市景观、场所占据了更多影像空间，它们代表着苏州的“新活力”。2011 年，纽约时报广场上播出了一部面向全球的苏州城市形象片《中国苏州》。整部片子时长只有 1 分钟，如何在这么短的时间内向世界介绍“苏州形象”？制作方显然经过了一番精心思考去处理“高度压缩的城市时空”。“苏州，一座 2500 年的城市”是这部形象片的主题，形象片在 1 分钟内集聚了代表苏州城市形象的众多古今元素——虎丘塔、刺绣、评弹、昆曲、园林、打太极老人、平江路的鱼食饭稻、太湖、古桥、舞狮、苏州博物馆、金鸡湖李公堤和观前街等等，既有自然景观，也有人文景观。值得注意的是，在选择代表性元素时，《中国苏州》没有像《天堂苏州》那样刻意凸显代表时代潮流的新兴城市景观，而是选择那些色调相对统一的城市元素，以说明苏州城市形象的“独特性”和“整体性”。不过，虎丘塔、园林、昆曲、刺绣和评弹等代表传统苏州的城市景观虽然重新得到“恩宠”，但并不显得“破旧”，相反，摩登时尚得很。其实为了适应现代的、全球的审美趣味，“传统”已被现实和影像双重改造，关于老城市的元素和意象仍富有浪漫诗意，但不再仅仅意味着“古老”和“陈旧”，它们脱骨换胎，以摩登面貌出现，并与新城市元素有机组合，共同拼贴出新苏州形象。让“传统”呈现出“现代”气质这也是苏州政府对老城改造的要求，从 1986 年开始，苏州市政府就开始邀请全国一批知名专家来苏与苏州的规划部门共同合作研究“古城保护课题”，并于 1995 年、1997 年和 1999 年对 14.2 平方公里的苏州古城进行改造，1999 年第三次改造之后，官方的调研报告宣称：“如今，伴随街坊改造的成功，2500 多岁的苏州变得年轻了，现代气息正在悄然融入这个古城，古城街坊已成为具有丰富历史文化内涵的，融居住、旅游、商贸于一体的新型社区，成为对外开放、让中外宾客领略姑苏历史神韵的新景观。”[21] 报告特地强调了“现代气息”融入“古城”。在纽约时报广场的全球消费时尚空间里，《中国苏州》的一个重要目的便是向世界“推销自己”，古塔、园林、评弹、昆曲的轮番出场都不过是选择性地“表演”，“西方观众”是不可能从1分钟的影像里领会出评弹昆曲、园林风景和江南美食的奥妙所在，更勿论“一分钟融汇2500年”。因而，纪录影像中的小桥、深巷、昆曲和平江路等老城元素早已失去了“传统的内核”，它们散落在城市形象片的各个片段里，互相割裂而不再是统一的整体。它们与新的城市景观互相混杂，组合成一个并无统一话语的“苏州形象”。当然，《中国苏州》的传统城市意象和元素运用得还比较好，镜头中苏州传统的“视觉形象”偶尔也能为现代人寄托“怀旧”梦想，提供一种上海、东京和纽约等全球城市所没有的“独特韵味”，可苏州本地人却无法借此真正回到“过去的苏州”。因为《中国苏州》针对的是全球观众和游客，影像的初衷便是让全球观众和游客通过影像“认识苏州”，然后到苏州旅游和消费。

张英进在一篇文章中借分析贾樟柯的纪录片《海上传奇》，提及了纪录影像中的“后怀旧”模式。他介绍了在全球化的城市语境中，“后怀旧”模式如何通过“多音性”和“多地性”的叙事消解上海的“现代怀旧”模式：“后怀旧模式也构成了元文本的自我批判模式，通过多音性与多地性结构，影片对上海的过去和当代的怀旧及伤感模式进行了质询，通过反复出现的具有挑衅性的手段和自我批评，影片拒绝了任何明确的闭锁式讲述或实践。”[22] 阿帕杜莱在讨论全球化时代，“怀旧”已

21　苏州市委市政府内部资料，《苏州市委研究室调研报告选编》，第63页，2008年。

22　张英进：《贾樟柯的〈海上传奇〉与多音性、多地性的都市叙事》，《华语电影如何影响世界——当代华语电影文化影响力研究国际论坛论文集》，第92页。

经步入了“怀旧”，“后怀旧”的特征是只关注当下，“过去”变得不再重要，与自我认同和记忆政治其实无关：

> 过去已不再是简单的记忆政治，不再是一片待回归的土地。它成为了一个存在于当下的、储存各种文化场景的仓库……在发达资本主义的文化风格中，尽管不同的时代与姿态可互相取代已成为一个日益明显的趋势，它们仍旧与更大规模的全球力量密切联系；美国人由此明白，他们的过去往往是另一个国度。如果你的现在是他们的未来（如同许多现代化理论和自我满足的旅行者幻想所认为的那样），而他们的未来是你的过去（如翻唱美国流行音乐的菲律宾高手），那么你自己的过去就可以被塑造为现在的一种规范化模式。因此，尽管有些人类学家可能继续将他们的他者分派到不属于他们自己的时间性空间中（Fabian，1983），但后工业文化生产已进入了后怀旧时代。[23]

“后怀旧”就是在跨地域、多声部的全球语境中诞生，受到全球政治、经济和文化力量的牵制。在“后怀旧”模式里，怀旧的对象、立场和语境都将发生变化。“怀旧”依旧，只是斗转星移，一切并非过去模样。因而，如果说《中国苏州》提供了某种关于苏州的“城市怀旧”，那么这种“城市怀旧”也不过是全球消费语境中混杂的“后怀旧”，镜头里那些所谓有特色的苏州“地方景观”并不纯粹，它们染上了跨文化和多地域的特征，并且不得不接受全球资本运作和消费逻辑的支配。依照詹姆逊、阿帕杜莱和张英进等学者的描述，笔者认为“怀旧”模式和

---

23 阿尔君·阿帕杜莱著，刘冉译：《消散的现代性——全球化的文化维度》，第 40 页，上海三联书店，2012 年。

“后怀旧”模式存在着以下区别：

怀旧模式	**后怀旧模式**
现代	后现代
自我	去主体
过去	时空交错
地方性	跨地性
单一性	混杂性
凝固化	流动性

2012年，纽约时报广场上再次播出了一部苏州城市形象片《家在苏州：一座诗意栖居的城市》，同样努力在1分钟内消化苏州城2500年的悠久历史。该形象片首次采用“水墨动画”这种传统方式呈现苏州城市形象，“新旧结合”依然是该形象片城市展示的主要手段，出现在影像中的苏州城市元素有粉墙黛瓦、自然山水、桥梁古塔、苏州博物馆、东方之门、科文中心……值得关注的是，片子里的东方之门、科文中心等苏州新地标经过现代影像技术的处理，也以传统的水墨方式“显现”出来。纪录片因而显得色调和谐统一，富有苏州文化特色，制作方用这些元素阐明苏州是一座可以诗意栖居的“家园之城”。但是在纽约时报广场这个全球消费空间里展现苏州这个“家”和“家园”，要唤起谁的“乡思家愁”呢？以往的城市形象片通常是以真实的城市景物为展示对象，《家在苏州》却以水墨动画的传统形式瓦解了景物的“真实性”，经过这一媒介技术的处理，出现在影像中的真实城市景观反而不再“真实”，变成了“影像的影像”。这正如孙玮在讨论后现代影像与城市关系时所指出的，在后现代信息环境中，影像与现实的关系发生了颠倒：“影像以非稳固主体的方式重构了一个社会情境，它不是基于现实的‘再现’，

而是虚构出一个与现实无涉的‘拟像’。”[24]在纽约时报广场这样一个全球流动空间中，“诗意”虽然被刻意营造出来，但是“家园”仿佛并非“现实”，而且此家园也不知道是“谁的家园”，这个“家园”更像是一个幻象——一个虚无缥缈的“异域景观”。官方媒体和宣传机构强调了《家在苏州》的独特性和创新性，指出是《中国苏州》登陆纽约时报广场“在国内外取得了良好的传播效果和反响”，所以“今年，为了取得更好的国际传播效果，苏州针对外国人的欣赏兴趣，创新性地以水墨动画的形式来展示和推介苏州”。[25]“另外，这次推出的苏州城市形象国际推广项目，还有一个重要特点，就是时点选择独特。从 2012 年 12 月中旬到 2013 年 1 月中下旬，主要播放时间横跨西方圣诞、新年等出行旺季，人流量比较大，有助于实现‘吸引全球目光’的构想。”[26]《家在苏州》的城市形象片是苏州官方城市形象传播规划、打造“家在苏州”品牌整体举措的一部分，与此配套的还有《情调苏州》《发现苏州》等旅游图书英文版在全球发行。借助这些活动以吸引“老外的眼球”和“全球目光”，最终目的当然是招揽全球游客。

宁浩执导的苏州城市形象片《时间的重量》更是展示了一个“后怀旧”的混杂苏州形象。《时间的重量》是宁浩为 2010 年上海世博苏州馆制作的官方城市形象片。在上海世博会这个全球城市竞争的舞台上，《时间的重量》针对的主要是全球观众，而非苏州本土观众。这部形象片的标题表明宁浩有意识地凸显纪录片的“时间感”。屋子里独自打毛

24 孙玮：《镜中上海，传播方式与城市》，这是孙玮教授在 2013 年上海复旦大学新闻学院举办的一次会议演讲中所提出的观点。

25 夏仲静、璩介力：《苏州城市形象片亮相纽约 水墨画风格吸引老外眼球》，《苏州新闻网》，2012 年 12 月 20 日。

26 2012 年 12 月 20 日，苏州举行“苏州城市形象国际推广新闻发布会”，苏州市委宣传部副部长王燕红对该形象片作了说明。

线的老人、回忆中在巷子里玩耍的儿童、黑白影像中茶馆里喝茶的人们都在显示“时间的重量”，影像中传统苏州街巷生活的呈现试图唤起人们儿时记忆中的苏州模样，但是《时间的重量》其实并无统一的时间叙述逻辑，镜头和画面的快速切换让人无法得到一个稳定的城市印象，“怀旧”的温馨场景在摇晃的镜头中瞬间化为碎片，迅速流动的画面恣意切割、瓦解和扭曲传统的苏州记忆。时间不可捉摸，记忆也无从拾起；在空间上，《时间的重量》也无意构建一个稳定有序的城市景观，而是像《中国苏州》那样，在高度压缩、快速变化的空间环境里，让昆曲、刺绣、老苏州人、外国人、新苏州人、古典园林、摩天轮和高楼大厦等新老城市意象交替出场、轮番表演。由于变化太快，《时间的重量》甚至不能像《天堂苏州》那样能将苏州清晰地切割为“老苏州”“新苏州”和“洋苏州”等有序城市空间。镜头中蒙面纱的妖娆舞娘、带面具的西洋演员和穿戏服的昆曲演员混搭在一起，加剧了流动空间的混杂性、多义化和神秘感，他们不仅没有增添这座城市的“怀旧”情调，反而让这座城市演变为亦古亦今、非中非西的“玄幻之城”，在此“幻城”中，深巷老宅里的童年时光、寺院庙宇里的静思修行、湖光山色中的田园生活，反而显得遥不可及。

《时间的重量》所营造的苏州可能更接近于索亚说的“第三空间”，兼顾真实与想象，容纳记忆、追念、妄想和怀旧等“多重情绪”——一种让人无法辨别真伪的“后怀旧”情绪，“正在改变的都市想象中几乎所有方面都有这样的意识，即现在比过去更难说出什么是真实的，什么是想象的，什么是能确定的与虚构截然相反的事实”[27]。当然，有一点是确定的，无论是诗意的、古朴的，还是绚丽的、光灿的城市形象，

27 Edward W.Soja 著，李均译：《后大都市：城市和区域的批判性研究》，第438页，上海教育出版社，2006年。

这种“后怀旧”文字、图像和视觉的生产和再生产是全球消费逻辑的产物，受全球权力资本和消费话语的支配。

对于后怀旧的家园，苏州当代的文化人自然是有点难以适应的，在回忆苏州景物时，苏州文人王啸峰笔下的陈年往事逐渐变得“亦真亦幻”，以至有时让人感觉他真是在“做梦”。他特地写了篇《梦境》，记叙那种真实和虚幻纠缠不清的奇妙感受：“‘我在何处？昨夜的我又在何处？’什么是真实？什么是虚幻？我已弄不清。”[28]

结语

直到上世纪80年代初，中国城市人口比率才增加到20%，但到2014年末，中国城镇化率已然达到54.77%。城市化在中国正以迅猛的态势发展，可以说，改革开放至今中国经历了世界上最大规模的城市化过程，高速的城市化让中国城乡发生了翻天覆地的变化，现代化的生活进入了千家万户，但是高速的城市化也带来了许多问题，特别是随着城市化的迅速铺展，乡村渐渐被抛弃，而根植于乡土的观念、情感和文化结构虽然发生了巨大变动，但是对于安土重迁的中国人而言，许多人对于乡土的情感并没有消失，对那些为了生活而离开或失去田园的乡民而言，“乡愁”不仅仅是一种简单的思念之情，也是对正在逝去的传统生活方式刻骨铭心的依恋和记忆，以及对城市和现代化的控诉，“乡愁”本身就是一种特别的现代性体验。而且这种“乡愁”不仅存在于失去土地的乡民心中，也存在于许多留恋传统的文化人心中，文化人常常用文

28　王啸峰：《吴门梦忆·梦境》，《吴门梦忆》，第176页，文汇出版社，2014年。

字、图像或影像表达他们的“乡愁”，特别在苏州这样一个被视为江南水乡的地区，文人们更容易沉浸在过去的世界中，文人的“乡愁记忆”尽管不能解决什么实际问题，不能阻挡现代化、全球化的步伐，但是至少会引起人们的思考。

王世贞弇山生活美学与收藏

蒋　晖

摘要：除山水、假山、花木等园居“物质生活”外，诗歌、文学创作等精神层面创作，亦是体现明代江南园林主人风雅生活重要的部分。收藏活动与二者皆紧密相连，在园林的物质、精神虚实之间，古今传承与当下审美得以兼顾。王世贞秉承士大夫的审美情趣，在日常园居生活中，充分体现了自己的生活理想与文化品格，作为晚明最重要的史学家、诗人，文坛领袖的地位决定了弇山园绝不是单纯一座石头、建筑、花木环绕、堆砌而成的花园，文人居所藏书楼、书画船的传统在宋元以下的这座花园得以延续。从现存王世贞诗文集看，有大量相关的书画题跋，显示收藏活动占据了他日常园居生活的相当部分。

关键字：王世贞　弇山园　园居生活　九友楼　鉴藏　交友圈

一、建园

太仓王世贞（1526—1590），字元美，号凤州，苏州太仓州人。嘉靖二十六年（1547）二十二岁进士及第，是明代著名的史学家、诗人、文艺批评家，也是晚明文学复古运动“后七子”之一，官至南京刑部尚书，为嘉靖、万历时期文坛领袖，宦迹半中国，交游遍天下，其所构弇山园，堪称中国文人造园史上空前的杰作。

嘉靖三十九年（1560），其父王忬罹难后，王世贞辞官回乡守制，投闲置散，里居长达六年。嘉靖四十二年，王世贞在家乡所建第一个小园林离赟园落成，文坛名流如李攀龙等遍咏其盛，吴中画家钱穀、尤求绘图，周天球、王穀祥篆额，据王世贞所记，离赟园东西不过十丈，南北三丈，有松竹之茂，梅花二十，叠山建亭，庭院有书房五楹，太湖石、锦川石装点其中，梧桐、杏桃、海棠等花木散落，精致小巧。这是他主持修建园林之始，值得注意的是，此园建成之初就邀请画家、诗人参与其中，题咏绘图，装帧成卷，这样的做法既体现了王世贞对园林物质层面之外精神属性的高度关注，也符合其文坛领袖的趣味，有别于单纯造景构园，如同其看重的历史学家身份，王世贞造园之时就深刻领悟到，庭院花木之外，一座园林因主人的风雅学养，与诸多名流高士发生某种因缘联系，留诸翰墨得以不朽。“离赟”典出《离骚》，“以故嘉木名卉出而不能容恶草”，清高的态度，也是对曾经时局朝政的决绝。王世贞在此期间与皇甫汸、俞允文、周天球、袁尊尼、彭年、黄姬水、张凤翼兄弟、陆治等吴中文士交往，寄情山水。

据《王世贞年谱》，隆庆元年（1567）正月，王世贞与弟弟敬美赴京讼父冤，投书徐阶、李春芳、高拱、张居正等。父亲冤案昭雪。大致在隆庆二年（1568）之前，因得到锡山华云之子华明伯所赠佛经，王世贞为此专门建一阁奉经，杂莳花木，建成第二座私家园林——小祇园。

小祇园在隆庆二年（1568）迎来了戚继光、汪道昆到访，戚继光赠以海中巨铁所铸宝剑，元美为赋《戚将军赠宝剑歌》：“曾向沧流剸怒鲸，酒阑分手赠书生。芙蓉涩尽鱼鳞老，总为人间事转平。”以示感谢。“宝剑”作为神兵利器，历来为文士所推重，看待如三代鼎彝之古器，琴剑风流文武双全，戚继光此举不仅有此深意，同时深察王世贞嗜好收藏，而汪道昆则强调锻造此剑之异铁出自海中，“绀青朱绿，黟黮不啻尊彝”（《太函集》卷七十六，“沧州三会记”）。

隆庆二年（1568），王世贞得报起补河南按察使司副使，整饬大名等处兵备。几个月后，得报迁升浙江左参政，其时王世贞文名如日中天，成为名副其实的士林领袖。隆庆四年（1570），任职山西按察使，十月得到母亲病危消息，上疏告归。抵达太仓时老母已经去世，再次守制里居，隆庆五年（1571）后，王世贞在小祇园基础上开始扩建园林，今后闻名海内的弇山园破土动工。

弇山园的建设前后长达十几年，缘起于王世贞族兄变卖祖产“麋泾山居”，不忍这处园林的大量珍贵奇石散落，王世贞遂高价买下这些旧石，请张南阳构建假山，是为“中弇”。万历元年（1573）王世贞去湖广任职，园林工程交给管家，次年改任北京，赴任途中特意归家察看，发现“西弇”规模远超自己当初设想，耗费巨大。

万历四年（1576）王世贞致仕回家，“东弇”也告竣工，弇山园声名日显。王世贞倾力继续扩建，弇山园主体分为六个部分，除了最早的小祇园部分，“东西中”三弇以假山闻名，“中弇”假山石头品质最高，都是几百年旧物。此外，还有弇山堂区以及供日常生活的北区。雄奇瑰丽的弇山园，“泉石奇丽甲郡国”，整体占地七十多亩，有三山一岭，佛阁二，楼五座，为堂者三，书房藏书室四处，轩一，亭子十座，长廊一，石桥两座，木桥六座，石梁五架，山洞、水滩各四，曲水流觞的流杯宴饮之地二，山崖蹬涧不可计数，竹木花卉香药遍植园内，整个园林地域，土石占了十分之四，水面占了十分之三，建筑室庐占其二，竹木占其一，此园宜花宜月宜雪宜雨宜风宜暑，“山河大地皆幻也”，王世贞自述建园初衷，“吾姑以幻语志吾幻而已”。

二、收藏情况

王世贞一生酷爱收藏书画器物，因其家世为世代显宦，财力丰厚。世传王世贞父亲王忬因不愿割爱《清明上河图》，被严嵩迫害致死，这虽是后人捕风捉影演绎而来，也从侧面证实王世贞家族对书画收藏的渊源。沈德符《万历野获编》曾记王世贞收藏的际遇，恰逢严嵩、张居正等权贵失势，所藏书画金石归于内府，散落民间，除了韩世能在北京以低价搜录外，嘉兴项元汴、王世贞兄弟皆乘机而起，获得许多重要收藏，“皆起而称大赏鉴矣”。万历早期正是王世贞大肆搜罗书画时间，而之前他与吴门文徵明父子等书画家就交往频密，眼光品位获得提升，并多次得到文徵明等前辈赠送书画。

徽商在晚明时代除了开设典当行，也是艺术品流通领域重要力量。汪道昆与王世贞交谊颇深，随着新安商贾财力的提升，盈利之外，为追求社会地位一度开始大量购入书画，徽商在书画、古玩买卖与收藏、流通领域影响颇大，与王世贞有较多往来的吴治就是其中之一。王世贞文集中多有二人为书画题跋记录，如吴治曾乞王世贞为赵孟頫《篆书千字文卷》题跋。吴治字孝父，号梦竹，是安徽歙县一位古董商人，万历《歙志》记，其善于鉴赏古鼎釜尊彝、法书名画，游于公卿间，名闻海内。王世贞曾委托钱穀创作以黄山为题赠送吴氏一幅画作。王世贞与当时鉴赏家詹景风二人，赏看书画之眼力互不相让。万历十六年夏天，二人在南京瓦官寺相遇，以石刻《昇元阁图》眼力较量，詹景风自述完胜王世贞（詹景风《玄览编》卷三），特意付诸笔墨，从一个侧面也反映当年王世贞深溺此道，以鉴赏家名重海内的地位。其实，万历七年（1579）后的王世贞，皈依道法，于鉴赏收藏已兴趣不大，以往珍藏尽数散分诸儿辈。

晚明鉴古风气大盛，王世贞认为“吴人滥觞而徽人导之”。他自己就是一位积极的参与者。王世贞家中开设的典当，也成为吸纳书画收藏之渠道。如赵孟頫《篆书千字文》，为南渡后修内司物，质押王氏当铺，因此得以入藏。少年得志的王世贞入仕较早，朋友馈赠之外，随文名显赫为许多富绅撰写墓志铭、传记，获得笔润包括许多珍贵古书画。

根据《弇州四部稿》及《弇州四部续稿》中的书画、碑刻题跋，综合同时代詹景风《玄览编》、张丑《清河书画坊》记录，大致整理其书画收藏，是一份惊人的名单，主要书法藏品，晋唐、宋代就包括钟繇《荐季直稿》，王羲之《此月》《大热》《淡闷干呕》三帖，虞世南《汝南公主墓志铭稿》，褚遂良《文皇哀册》《临兰亭序》，怀素《千字文》，颜真卿《送裴将军北伐诗》，柳公权《兰亭诗》《蔡米苏黄赵帖》，苏轼《跋王晋卿山水歌》，黄庭坚《草书浣花溪图引卷》等，元代赵孟頫的书法、绘画，更是王世贞极为仰慕、收藏的重点之一，收藏多达十几种，此外，元明名家手泽、吴门书家的翰墨真迹，王世贞更有数量庞大、全面的珍藏。

绘画方面，重要收藏包括晋代史道硕《八骏图卷》、阎立本《勘书图》、周文矩《擘阮图》、范宽《山水卷》、郭熙《树色平远图》、宋人《晋公子重耳出亡图》《文同画竹苏轼题诗合卷》、李公麟《十六应真图》《醉道士图》《姑射仙图》、王诜《烟江叠嶂图苏轼作歌合卷》、惠崇《溪山春晓》、宋徽宗《三马图》等大量名画，元人精品如钱选、高克恭、赵孟頫、黄公望、王蒙、倪瓒、方从义等人作品，数量也不在少数。此外沈周、祝允明、文徵明、仇英、唐寅、陆治、陈淳、文伯仁、钱穀、尤求、张复等吴门书画名家作品，更有体系完整之收藏。

王世贞的藏书数目巨大，仅宋版书的数量就有两千余卷，其中最著名的有《前后汉书》两套，分别有倪瓒题跋，赵孟頫小像，为绝精罕见之物，价格高昂，其中一套宋版《前后汉书》以一座庄园换得。（数万卷藏书之外，园中另有藏经阁左右两室，“法宝”“玄珠”分别贮藏佛教道教典籍）古刻碑帖有《定武兰亭》《太清楼》等国宝级收藏。

三、尔雅楼

弇山园的建成是漫长的过程，其间王世贞出仕、归隐，直到万历四年（1576），因为张居正的不满，郧阳督抚王世贞被吏部弹劾，调南京大理寺卿，后被夺俸，令回籍听候。从南京大理寺卿任上致仕归来，园林仍在建造中。至此，王世贞开始亲自指挥弇山园北部居住区域的建设，这一部分虽然不似园林意义上精华所在的“三弇”，也没有“弇山堂”名声响亮，或如小祇园区域那样经过多年经营，但确是园林主人日常生活最重要之组成。北部区域根据王世贞《弇山园记》第七篇描述，主要建筑有：

文漪堂三楹，请周天球题《文选》佳句，钱穀绘有《平湖》《雪岭》二图；

凉风堂，四壁洞开，梧桐数株；

尔雅楼，一名九友，正是王世贞收藏字画碑帖珍玩的秘阁所在。

“九友”，是王世贞所收藏的古籍古帖名迹，书画古器，垆鼎酒枪等书画文物中之最精彩者。据《弇山园记》王世贞自述“九友”，其中包括宋版书最著名的《文选》《汉书》；书法为褚遂良《文皇哀册》、虞永兴《汝南公主墓志铭稿》、钟繇《季直表》；绘画包括周昉《听阮图》、王晋卿《烟江叠嶂图》；其他器物类珍玩如“柴氏杯托”，琳琅满目，王世贞将以上几种古籍、书法、名画、名瓷、碑帖，称为“五友”。而道家佛教之藏，也作为二友，另以山水为友，王世贞更自豪地将自己著作《弇山四部稿》称作一友，如此九友咸集，“朝夕坐尔雅，随意抽一编读之。或展卷册，取适笔墨”。

《弇州四部稿》卷二十二，《九友斋十歌》序中，王世贞称：

斋何以名九友也？曰山；曰水；斋以外物也，曰古法书；曰古石刻；曰古法籍；曰古名画；曰二藏经；曰古杯勺；并余诗文而七，则皆斋以内物也，是九物者，其八与余周旋，而一余所撰著，故曰九友也。九友得之有早晚，亦有从余而游与留而不能从者。其不能从者，既日思御，而从者亦倦而思归矣……

这组诗歌，前两首吟咏弇山园中奇石陈列，“醉乡懒候治生涯，青山十亩水倍之。弇州堂背一片绮，夸耀园林之盛，不减卫府芙蓉池”，第三首开始历数园林内之各种珍藏：

右军惨淡如春烟，永兴生色出指间。河南精铁含纯棉，白云秘授藏真诠。锥沙印泥颜法全，河东劲细铁线缠。眉山而下可十贤，骞骞猊抉龙蛇颠。从汝晋楚复梁燕，墨池笔冢芜欲田……（其三）

以上是他的书法收藏，包括《弇山园记》所记尔雅楼中“九友”中最重要的书法作品，王羲之、褚遂良、虞世南、颜真卿、柳公权、苏轼等名家之作，都是选中之选，震古烁今之墨迹。

玉匣昭陵秘真迹，梦寐中山一片石。颇从庶息见隆准，三米兰亭亦其匹。太清楼头六卷余，况若清庙朝霞舒。潘家古绛复入手，色丝幼妇谁当如？钟梁禅进美于玉，虞欧李颜看不足。饶输六一画舫斋，更让二千金石录……（其四）

以上为王世贞古碑帖收藏账册，颇见悠然惬意、志得意满之态。兰亭、太清、绛帖等著名碑帖、宝物令人眼花缭乱。

虽有吴钩名龙泉，匣之不试泣清铅。虽有蜀琴字松雪，五指不惯同无弦。何如万卷邺侯架，天与双眼长周旋。咸淳初刻班范史，往往八法间欧颜。其他七部可指数，浮提漆沈苔文笺。湘縢袭帙牙作签，清香古色时郁然……（其五）

以上宋版古籍，尤其强调宋版《前后汉书》之名贵。

经藏之后的第七首诗，咏绘画：

> 苦吟颇受天地疑，晚节却爱无声诗。丹青不知老将至，何况区区富贵为。周郎写情兼写姿，右丞妙理尤吾师。烟江春嶂有都尉，平远秋山输郭熙。莫将剩水恼马远，十二幅吐胸中奇。吴兴心法归大痴，蒙繁瓒简各有宜。二百年来仅沈戴，直取悟境遗筌蹄……（其七）

周昉、王维、王诜、郭熙、马远、赵孟頫、王蒙、倪瓒、沈周、戴进大画家作品的收藏名单，遥想王世贞神采焕发，闲来展卷欣赏时的从容。对王世贞器物收藏，历来关注不多，组诗之八，记录他心目中重要古器：

> 男儿有兴须有适，生不愿十二金钗恒密席。床头琥珀如欲诉，夜半篝灯压春滴。梁园宝尊蟠雷文，叔夜遗枪斗天色。碧筒泻出仍啾啾，青眼传观争啧啧。君不见舒州勺，鸜鹆铛。李白与尔同死生……（其八）

据第十首诗“行年已半百”推测，这组诗写作时间不晚于万历三年，其时弇山园工程未竣工，万历四年王世贞致仕后才开始北部园区的建设，尔雅楼其时没有建成，由此可知起初王世贞的书画器物收藏，所涉及“九友斋”可能先在弇山堂区，王世贞在《题弇园八记后》说，“迁南廷尉以归”，则东弇与西岭之胜忽出，文漪堂、小西室完工，小西室为王世贞藏书之室，王世贞称待王世懋“徙居期间。乃复治凉风堂、尔雅楼及西三书舍”，而不久将“九友斋”藏品转而移置尔雅楼，总之王世贞将珍藏书画碑帖文物藏于弇山园是事实无疑。甚至，弇山园内童仆，也有很好的艺术品鉴修养，精通版本。《花当阁丛谈》记，元美的藏书室有一老仆，“能解公意，公欲取某书某卷某叶某字，一脱声，即检出待用，有若夙因”。胡应麟曾记，王世贞的小西藏书室，在凉风堂后，藏书三万卷，佛经与道藏不在其中，专门有两个藏经楼保存。而宋版书只存放在尔雅楼内，可见尔雅楼中藏品，都是王世贞最珍爱之物。

《弇州续稿》卷二百五，王世贞曾有给“徐嘉定”一札，谈及刘庭芥事，考徐氏当为徐学谟：

> ……念及方外病叟……敢不拜嘉。窑洗初启封，光彩溢射。虽叔夜枪、元常玦，美宁过之。弟仆夙有此好，聚亦不少，庚辰岁偶感其累心，屏付儿辈，不置眼久矣。

这是一份重要的文献，表明万历八年（1580）后，王世贞对藏书、书画收藏兴趣转淡，将收藏尽数付与儿子。

四、收藏圈交游

柯律格在《长物：早期现代中国的物质文化与社会状况》一书中，曾引沈德符《万历野获录》记述，指出王世贞、王世懋兄弟为著名古物收藏家，“热衷于在艺术品和古董藏品上留下个人印记，以此构成士绅角色中的一个必要的组成部分”。按照文徵明的记述，无锡收藏家华夏晚年因为大量收藏，财力已经不如从前，一些藏品流出归王世贞、项元汴等人。王世贞的姻亲无锡华察，也是著名的收藏家，鉴古眼力高超，曾与项元汴争购名画碑帖。他的学生门人、子弟辈人物中，黄姬水、胡应麟等皆好古嗜藏。物质消费潮流盛行，王世贞弇山园中收藏惊人，世人皆知。万历时，王世贞的小友、黄冈王同轨《耳谈》记“延津剑合”的往事：

> 王元美先生，家藏一铜唾壶，为三代物，常以自随，然仅其底耳。已，过太湖，童子误坠水中。公悬十金募人捞取，持以上视之，乃其盖子。先生大喜，再悬十金令捞取，又得焉。益足珍贵。豫章朱文萌先生谈。

王世贞好古成癖的性格，跃然纸上。《茶余客话》载：

> 王弇州藏古迹最多，尤重装潢。有强氏者精此艺，延为上宾，居于家园。又汤氏者，亦擅此艺。时有汪景纯在白门，得右军真迹，往聘汤氏，厚遗仪币，张筵下拜，景纯朝夕不离左右，阅五旬始成……

张佳胤、屠隆、沈懋学、胡应麟、赵用贤、陈继儒、张凤翼、周天球、潘之恒等王世贞交游之朋，先后造访弇山园，其中不乏与他除了文学主张、政治理念相同，且皆热衷书画鉴赏之人。王世贞许多藏品得自朋友交流、赠予。

名画《萧翼赚兰亭图》之跋，王世贞详记此图为赵用贤所赠，借阅一观，赵用贤慨然相赠，“深愧其意。悉辍年来酒枪、茶具之类为报”。世传阎立本所绘此图，“此图向去已千载，虽绢墨犹渝而神采犹在”。王世贞以珍贵器玩回赠赵氏之举，不过其漫长收藏生涯之一端，对茶具之珍爱，也见趣好所在。胡应麟为王世贞最亲近之晚辈门下，胡父为王同僚，《弇州续稿》有王世贞为胡应麟书斋题诗，《为胡元瑞题绿萝馆二十咏》，所咏为石屏、琴、剑、书筒、玉磬、五岳图、棋、胆瓶、笛、茶灶、螺杯、琴石、博山炉、麈尾、羽扇、芒屩、芙蓉帐、湘竹簟、胡床、石枕诸器，数目之大令人惊叹。王世贞慨然为胡应麟题诗，既是钟爱其才华，也因自己有收藏之癖，显得驾轻就熟。

弇山园内贵客如张佳胤，“嘉靖五子”之一，与王世贞交往多年，为平生知己，嘉靖四十四年（1565）出仕云南，曾赠一珍贵大理石屏给王世贞，并赋诗：

> 碧鸡西去洱水长，一十九峰俱点苍。巨灵笑揽芙蓉气，叱咤天工块混茫。五色氤氲奋万象，珠岩片片皆文章。往往入云窟，断霞削玉千峰出，指掌居然海岳图，真形不数丹青笔，若有人兮隔沧溟，漭荡秋波似洞庭。侧身东望暮烟紫，何以报之锦石屏？石屏石屏产南服，万里随君坐空谷。云母霓虹徒自高，零阳雪浪非其族。有时寒碧吹江涛，酒酣夜半歌独漉，若将此物比昆吴，便铸双龙隐鱼腹。（《石屏歌寄给王元美》《居来先生集》卷四）

文徵明的弟子钱穀，围绕弇山园建设，与王世贞进行了多年合作，著名的《水程图》今藏台北“故宫”，描绘王世贞1574年回京途中景色，共有三本，这三本册页部分由张复完成，总八十四帧，第一本册页三十二帧，首页就是描绘小祇园全景，弇山姿态得以存留至今，是研究弇山园最直接的图像资料。文徵明的学生陆治，也是弇山园内重要的艺术家，他作为王世贞的前辈，曾应邀多次前往弇山园，欣赏王世贞的藏品，万历二年（1574）主动为王世贞精心绘制《临王安道华山图》这一著名作品，王世贞为此大喜过望。王世贞在兴建弇山园过程中，所交往的吴地书画家，几乎全部出自文徵明门下，文氏家族的直接继承者，文徵明的儿子文彭、文嘉，与他同样关系密切。弇山园中的收藏活动，有古代书画的搜罗，也有邀请画家、书法家定制、创作，而不论是鉴赏、收藏、邀约创作，文氏一门都为王世贞尽心尽力，其中隐含着王世贞接替文徵明成为吴门领袖的意味。

王世贞的弟弟王世懋（1536—1588），字敬美，时称少美，嘉靖三十八年进士，历任南京礼部主事，陕西、福建提学副使，迁太常少卿，也具有很高的文学修养，筑有园林号澹圃，仅为弇山园六分之一。王世贞《澹圃记》载，园中收藏亦富，“暖室者二，雪洞者一，浴屋者一，皆小而精。中多贮三代彝鼎、孤桐浮玉、大令名墨、中散酒枪之类，敬美恒以暇日焚香，萧散其间，卧起师意殊适也”。

《詹东图玄览编》里对王世懋的书画收藏有详细的记录，其质量、数量堪与项元汴相媲美。王世懋藏品，最珍贵的几种，有王献之《送梨帖》《采甘帖》，索靖书史孝山“出师颂”，颜真卿为潘氏题“竹山书房联句”，王维《江干雪意》图卷，宋拓《东方画赞·洛神赋》。他似乎特别留意赵孟頫的书画，藏品书法《大通阁记》、小楷《法华经》六卷、《归去来兮辞》卷、《归田赋》卷、《楷书中峰和尚喜怒哀乐四铭》卷、五言诗长卷、心经卷、《赵孟頫、管夫人、仲穆三札》、《真草千字文》、澄心堂纸本《水村图》卷等多种。

“玄览编”所记，其他珍品尚有旧拓“黄庭”、米苏各一帖；东坡惠州时墨卷，书“煎茶”“听琴”二歌；宋徽宗书唐诗墨迹、《雪江归棹图卷》；南宋陈居中《胡笳十八拍》图卷；宋代隐士林逋书杂诗卷；马远二小幅；元钱舜举着色花鸟等。王世懋对于明代吴门画家的收藏亦丰，如仇英为昆山周凤来（字于舜，自号六观居士，南京刑部尚书周伦之季子太学生，富收藏）精心所制《松雪写经图卷》、文徵明补书《心经》合卷，洵是罕见名物，后辗转为澹圃收藏。王世懋还藏有沈周生平精心制作，法元四家的山水九幅，名“九段锦”。澹圃的珍玩器物，“玄览编”著录的有“玉卮”：

> 旧为黄姬水志淳物……高五寸，径一寸有奇。上作卧蚕，文精湛。玉为淡乾黄，色莹润，既佳又荮采，至可爱，本三代时墓中物，以与铜器合瘗一处，年久铜器渗入，玉几半截为碧绿矣。碧绿处光耀闪灼动人，奇宝也！其铜器三代瓶壶觚鼎之属，亦数种，多精，独窑器不备，亦无甚精者。

五、园林与收藏

万历六年起到万历十六年，王世贞再次赴任南京兵部侍郎，在弇山园“惬意”的十年，许多时光就是品鉴字画，与吴门画派许多朋友共同围绕园林展开创作，如文漪堂之壁画《平湖》《雪岭》，由与之长期合作的钱穀完成，周天球完成应邀书写《文选》中佳句，擘窠书为周氏“生平得意笔”，内容指向王世贞收藏有罕见宋版赵孟頫藏本《文选》，仇英之婿尤求，经常接受王世贞定制画卷，根据王世贞珍藏的古画精心临摹，更直接在别墅墙壁上绘制“武陵源”图，与他交谊深厚的俞允文以行草书《桃花源记》及诗，足为三绝，如此手笔，非文坛盟主王世贞不能。以上在王氏园林建筑中定制完成的书画，均被写入《弇山园记》，这样精心策划、由书画家直接参与园林布置、装饰活动，艺术创作与园林建造同步进行，在明代江南园林史上也属罕见。

除山水、假山、花木等园居“物质生活”外，诗歌、文学创作等精神层面创作，亦是体现园林主人风雅生活重要的部分。收藏活动与二者皆紧密相连，在园林的物质、精神虚实之间，古今传承与当下审美得以兼顾，王世贞秉承士大夫的审美情趣，在日常园居生活中，充分体现了自己的生活理想与文化品格，作为晚明最重要的史学家、诗人，文坛领袖的地位决定了弇山园绝不是单纯一座石头、建筑、花木环绕、堆砌而成的花园，文人居所藏书楼、书画船的传统在宋元以下的这座花园得以延续。从现存王世贞诗文集看，有大量相关的书画题跋，显示收藏活动占据了他日常园居生活的相当部分，涉及财力、精力不少，因书画、古董收藏，在相当时间内王世贞创作的赠答之诗，也与之有关。而另一个角度观察，我们注意到，王世贞自己对园林与收藏品之间的关联，有相当的自觉，证据之一，是在其大量的书画题跋里，往往也强调了“园林”作为藏品栖身之所的存在，并将书画等收藏本身，视为弇山园不可或缺的一部分。

最早见诸书画题跋的园林，为小祇园。《石翁彩卉卷》题：

> 白石翁折枝，自徐熙、易元吉来，不作成都派，以故种种有生气。此十五花，望而知其非凡也。陆文裕以解领之三年，秋游太学跋此，结法疏俊妍美，隐然有陶贞白吴兴小儿评。是二绝，足富小祇园老圃亦。

《宋画香山九老图》题跋：

> ……吾生平雅慕乐天，自纳节来，颇治弇山园，以希十五年后耆英之盛……

《题海天落照图后》相传为小李将军昭道所作，为宋代皇室宣和秘藏，辗转为常熟刘氏、苏州汤氏所得，嘉靖时期被严嵩父子觊觎，汤氏起初请仇英临摹一本意图李代桃僵，但真迹最后仍被严氏掠去，后毁于火。仇英本侥幸存留下来，王世贞在图上题记，“今年春，归息弇山园，汤氏偶以仇本见售，为惊喜，不论直收之”。

王世贞“特意注明”弇山园三字，足见矜持之意，在他心中，弇山园本身就是一个最辉煌的艺术品，经他创造而成，而其中最璀璨夺目的部分，无疑包括他引以为傲的大量珍贵藏品，赋予园林以高雅的灵魂。作为亲身缔造的“新园”，历经沧桑辗转流传的千年古物，晋唐翰墨，一旦有体系地进入园林，不仅构建起王世贞收藏意义上的一套“秘藏”，而且无疑给“新园”注入了厚重的历史感,园林的文化品格因此获得飞跃。

六、结语

王世贞、王世懋兄弟在各自园林内搜罗了大量珍贵艺术品，可见当时社会上层风尚，如万历时冯梦祯，他辞官归里后，有《快雪堂日记》作闲居西湖生活写照，十九年间，往往以品鉴字画为娱，其“书室十三事”：

> 随意散帙，焚香，瀹茗、品泉、鸣琴、挥麈、习静、临摹法书、观图画、弄笔墨、看池中鱼戏或听鸟声、观卉木、识奇字、玩文石……

收藏之风大盛，也是晚明时期，苏州园林为代表的江南园林更大行其道，以士绅官僚、商贾等富裕阶层为代表的上流社会，将私家园林营建视为提升生活品质、个人声望，拓展交游的场所与手段。园林不仅有居住、宴会、游览、欣赏的实用功能，开始兼具一定的文化属性，这种文化属性不仅要求园林主人以古木、奇石、亭台楼阁展现奇巧，更要求园主在诗歌、文学、收藏等综合方面具备“能力”。考虑到科举的限制，如嘉兴项元汴、汪爱荆等富商亦以收藏趣味彰显身份，以此跻身士绅阶层，书画文物收藏风气大盛。身为文坛领袖的王世贞早期回乡“待罪”，蛰伏太仓，以小园自适，随着朝局变化，弇山园破空而出，这座明代最伟大的园林至今荡然无存，但其中曾入藏的大量艺术珍品至今散落于全球各地的美术馆，王世贞在《弇州四部稿》等著作里详细记录了自己的这些藏品的观察、品鉴。园林中的收藏体现了封建社会士大夫阶层的趣味，客观上保存了明代士人生活的细节。园林之美与书画、珍玩共存，较近的著名事例有苏州怡园过云楼主人顾文彬的古籍、书画收藏，以及耦园主人沈秉诚、听枫园主人吴云等，这些晚清官僚在私家园林考据金石，品鉴字画，私家园林客观上成为荟萃、保存大量古代文化珍品的集中地。王世贞作为开启这一风气的先驱者，弇山园的收藏活动非常突出，包括其弟王世懋澹圃的收藏活动，对于深入研究古代园林文化具有一定价值。鉴于笔者学养所限，本文仅作初步讨论，围绕江南各园林与收藏的主题，尚待进一步挖掘。

主要参考书目：

《弇州四部稿》　王世贞　四库全书本

《弇州续稿》　王世贞　四库全书本

《弇州山人题跋》　王世贞　浙江人民美术出版社

《王世贞年谱》　郑利华　复旦大学出版社

《苏州园林历代文钞》　王稼句　上海三联书店

《吴门具眼——明代苏州书画鉴藏》　黄朋　上海书画出版社

《品鉴与经营——明末清初徽商艺术赞助研究》　张长虹　北京大学出版社

《不朽的林泉——中国古代园林绘画》　高居翰等　三联书店

从冯梦龙到苏州近现代通俗文学对当下网络文学的影响研究

石 娟

摘要：吴文化与中国近现代通俗文学的因缘由来已久。自明冯梦龙开始，直至晚清文学以及后来的现代通俗文学，均发生于吴地。吴地文学是地域性文化概念，不是时间概念。民初以来大量的通俗小说，从晚清文学到民初的鸳鸯蝴蝶派小说，到二三十年代民国旧派小说，再到40年代的东吴系女作家的系列作品乃至当代的陆文夫、范小青等人的创作，都具有鲜明的吴文化特征。改革开放以后，随着市民社会的回归，网络兴起，网络文学以新的形式继承并发展了从冯梦龙到中国近现代通俗文学的叙事传统，特别是类型文学的叙事传统。从冯梦龙到近现代中国通俗文学再到当下的网络类型小说，是一条脉络清晰的“古今文学链”，这一关系体现在如下几个方面：从冯梦龙到苏州近现代通俗文学再到网络文学，是类型小说演变路径；演变过程中，媒介具有变革性力量；在文学的经典化路径方面，三者具有同一性。

关键词：吴文化　冯梦龙　苏州近现代通俗文学　网络文学

吴文化的核心是水。吴地特点是“人家尽枕河，水港小桥多”。水的特质是刚柔并济、生生不息、温婉细腻，吴文化也呈现出了这一特质。它浸润了吴地的历史、文学、艺术、建筑、美术、工艺等方方面面，渗透到吴人日常器物以及审美习惯、生活方式中。陈之藩先生在《剑桥倒影》中说："许多许多的历史，才可以培养一点点传统；许多许多的传统，才可以培养一点点文化。"吴文化正是在这样的背景和条件下，形成它独具特色的文化形态。苏州跨越几千年历史的吴文化，在空间形态中，有其固有的内核，这是吴文化固定不变的特质。但如果我们承认文化是生生不息的，那么，一种能够穿越时空的文化形态，在时间隧道中，在保持内核稳定性的前提下，其形态一定在不断流变，否则，便不会具有穿越时空的生命力，并在21世纪的今天，仍然散发着迷人的光泽。

吴文化与中国近现代通俗文学的因缘由来已久。自明冯梦龙开始，直至晚清文学以及后来的现代通俗文学，均发生于吴地。吴地文学是地域性文化概念，不是时间概念。民初以来大量的通俗小说，从晚清文学到民初的鸳鸯蝴蝶派小说，到二三十年代民国旧派小说，再到40年代的东吴系女作家的系列作品乃至当代的陆文夫、范小青等人的创作，都具有鲜明的吴文化特征。表现在如下几个方面：首先，这些作家多数都来源于吴地，他们身上都呈现出浓浓的文人气质，关心时政，名士气十足。其次，他们的文学作品呈现出鲜明的吴地特色，小说中人物的身份、经历以及语言常与吴地相关，关注情感表达、世情描摹以及市井人生，承认商人的价值和地位。再次，他们的情感方式也是吴地的，细腻温婉，注重诗性表达。可以说，崛起于上海的中国近现代通俗文学，因了这些原因，实际上成为吴文化重要的现实载体。

然而，应该看到，吴文化之所以能够跨越几千年历史至今仍绵延不息，事实上，其形态并非总是以一种面目示人，在文化内核稳定的前提下，其形态一直在发生着流变。这一点，在近现代通俗文学中表现得尤为突出。可以说，近现代通俗文学是吴地文学的一次现代化集体转身——从文化观念上看，他们是运用大众媒体写"今世界"的作家；从创作观念上看，近现代通俗文学是第一批大规模译介外国文学并接受其影响的文学流派；从创作身份上看，他们是最早的职业作家。媒体型作家身份使得他们笔下的文学文本一改以往吟风颂月、对月伤秋为主的诗词遣怀，而改以小说为主的对现实人生的密切关注；对外国文学的译介使得他们在继承中国传统叙事模式的同时，又用第一人称、倒叙、插叙的方式打破了传统小说的因果链条，这是吴地文学作家文化、文学观念的重要变化；职业作家身份使得他们的创作更关注读者的阅读需求，以满足市场为创作动力，尽管以金钱为动力难免泥沙俱下，但这也推动着通俗文学作家不断推陈出新，一改以往文人对政治的依赖，视野更广阔，言论更自由。这些，都是吴地文学在遭遇了现代文明之后呈现的迷人气质，更凸显了吴文化历久弥新的生命活力。进入当代，当市民社会复苏之后，大众文学以网络为载体，给予文学新的无限可能性，以类型文学的方式，在当下的时代语境中，焕发出勃勃生机。冯梦龙是明代市民文学的代表作家，其《三言二拍》不仅具有丰富的情感价值，更有深刻的社会史和风俗史价值。而到了近现代，以苏州为中心之一的近现代通俗文学，其作家群，以报人视角，以文人的情趣，以类型小说的形式，以报刊为载体，记录了晚清到民国时期丰富的社会和风俗，可谓一个时代的“史笔”。而无论是冯梦龙，还是中国近现代通俗文学，都与苏州有着不解的渊源，深受吴文化滋养，又将吴文化渗透到文学叙事中。改革开放以后，随着市民社会的回归，网络兴起，网络文学以新的形式继承并发展了从冯梦龙到中国近现代通俗文学的叙事传统，特别是类型文学的叙事传统。从这个意义上来说，正如范伯群先生所指出的那样，从冯梦龙到近现代中国通俗文学再到当下的网络类型小说，是一条脉络清晰的“古今文学链”。

一、“冯梦龙—苏州近现代通俗文学—网络文学”：类型小说的演变路径

近现代类型小说，始自宋元时期的话本小说，它起自民间，以俚俗之语入书，记录“说话”人所述之故事，用以娱乐，也即“白话小说”

最早的形态。据鲁迅《中国小说史略》梳理，《梦梁录》（二十）“小说讲经史”条记载彼时说话有“四科”：

> 说话者谓之“舌辩”，虽有四家数，各有门庭。且小说名“银字儿”，如烟粉、灵怪、传奇、公案朴刀杆棒发发踪参之事……
>
> “谈经”者，谓演说佛书。说参请者，谓宾主参禅悟道等事……
>
> “讲史书”者，谓讲说《通鉴》、汉唐历代书史文传、兴废争战之事……
>
> “合生”，与起令随令相似，各占一事也。[1]

灌园耐得翁《都城纪胜》讲诉临安盛事，亦谓说话有四家：小说、说经说参请、说史、合生。而“小说”分为三类：“一者银字儿，如烟粉灵怪传奇；说公案，皆是搏拳提刀赶棒及发迹变态之事；说铁骑儿，谓士马金鼓之事”是也。如此看来，所谓玄幻仙侠、灵异悬疑、穿越言情小说，不过烟粉灵怪传奇的当下称呼；搏拳提刀赶棒及发迹变态之事，不过就是后来武侠小说的具体描摹，而士马金鼓之事，又与历史小说、军事小说实为一体。

至清末民初报纸杂志出现，特别是到了20世纪20年代，通俗文学全面走向市场之后，类型小说迎来了全盛时代，此时书局、报馆均以类型小说为近现代以来的文人创作分类做广告，而且每种类型小说之中，都出现了代表作。1923年8月世界书局在《新闻报》上做了一则“图

1　吴自牧：《梦梁录》（二十），《中国小说史略：插图本》，第94页，上海古籍出版社，2004年7月。

书集成”广告，在第二号整版文学广告中，就刊出了“侦探小说”“武侠小说”“社会小说”“冒险小说”“香艳小说”“奇情小说”“宫闱小说”“演义小说”“写情小说”“名人传记”“滑稽小说”11大类146种小说，彼时“侦探小说”以程小青译《福尔摩斯全集》为代表，“武侠小说”以平江不肖生的《江湖奇侠传》为代表，“社会小说”以海上说梦人（朱瘦菊）的《歇浦潮》为代表，等等。书局和报馆的联动，不仅使类型小说得以成型，而且以强大的资本实力催生、培育了一大批优秀的通俗文学代表作品和代表作家，如20年代的向恺然、周瘦鹃、程小青，30年代的张恨水、李寿民、刘云若，40年代的孙了红、周天籁，等等。小说以类型的方式出现，一来是印刷资本以赢利为目的建构时代阅读风尚的需要，包括广告、报刊连载等等，二来满足了进入现代市民社会的读者休闲阅读的选择需要。

不难看出，每一种新媒介的诞生，在生产与消费机制相匹配且文学生态以市场为导向的背景下，都会催生类型小说生产与阅读的热潮，当下网络文学时代类型小说的风起云涌，不过是这一叙事形态的当代呈现。我们将关注的重心聚焦于类型小说的话语方式，即叙事模式和策略。普罗普的叙事学研究，在类型小说分析中具有相当重要的地位，他最大的贡献在于确立了“功能”这一故事中非常重要的基本因素，提出在人物功能和它们的联结关系中寻找叙事的可能性。媒介叙事（包括报刊和网络）的一个重要策略，就是情节叙事。与纯文学以人为中心来进行各类叙事不同，类型小说强调在情节中表现人物。也就是说，纯文学是以人为中心，叙事服务于人，不以故事的好看为中心，而以对人性的深刻呈现为根本。而类型小说完全不同。故事性是它的写作中心，情节是故事发展的一个个因素和片段，在一个个因素和片段的连缀和拼接中，实现对人物形象的刻画和塑造。这种叙事策略使得小说牵动人心，分外好看。另一方面，情节的片段叙事恰也与从“说话”（又称“平话”）到纸媒再到网媒“单日畅销书”的叙事特征和叙事目的一致，这是媒介上获得蓬勃生命力的类型小说以情节为中心叙事的根本原因所在，是类型小说独特的话语方式。而且，这一叙事策略不仅纸媒和网媒适用，所有定期连续出版、播放的媒介都适用，比如广播连续剧、电视连续剧，等等。

当然，小说一进入类型化的蓬勃发展期，“模式化”就成为被人深深诟病的核心所在。应该强调指出的是，“模式”不代表“重复”，它表示的是某种成熟的叙事策略和叙事形态。“模式化”是阅读接受中归化之必然要求，特别是以娱乐休闲为目的的网络小说甚至通俗文学阅读。关于如何看待“模式化”问题、“模式化”的必要性和接受的优越性，前辈通俗文学研究学者早已对此作出了明确的分析，此不赘墨[2]，重要的是在模式中如何注入具有生命力的文学灵魂。普罗普在《神奇故事的历史根源》中曾说：“故事的丰富不在于结构，而在于以多种多样的方式来实现同一个结构因素。”[3]所以，优秀类型小说代表作的出现，不在于“立”，而在于“破”，也就是说，不能在固有的类型结构中讲述同一类故事，而是要在固有的结构中，将各种具有生命活力的因素和片段重新整合，甚至破坏这一结构，获得新生，也即在貌似相似的叙事策略和结构中讲述全新的故事，或者用全新的叙事策略和结构重新讲述一个经典的故事。而网络小说发展到当下，已经开始了颇有意味的实践，当下如火如荼的《花千骨》，虽名为奇幻仙侠小说，但我们进入文本内部，在情节叙事中，实熔悬疑、惊悚、灵异、言情、玄幻、奇幻、女尊乃至西方流行小说题材如吸血鬼、魔法等各类小说核心元素及叙事技巧为一炉，尽管目前尚未成熟，但“破”之盛大气象，已然出现。

2　汤哲声：《论中国当代通俗小说的语境和批评标准：以近十年中国通俗小说创作为中心》，《文学评论》，第146—150页，2010年第3期。

3　普罗普：《神奇故事的历史根源》，第49页，中华书局，2006年。

二、“冯梦龙—苏州近现代通俗文学—网络文学”：媒介具有变革性力量

20 世纪初，报纸、期刊刚刚诞生时，同网络文学一样，报刊的连载特点以及广大的接受市场使得小说作者急于“广声誉，得润资”，“朝甫脱稿，夕即排印，十日之内，遍天下矣”[4]。于是 1902 年，梁启超在《〈新小说〉第一号》中忧心忡忡地提出了当世小说创作的“五难”，并毫不掩饰地表达了自己对小说品质的担忧——“结构之难，有视寻常说部数倍者”，“名为小说，实则当以藏山之文、经世之笔行之。其难一也”；“新小说之意境，与旧小说之体裁，往往不能相容。其难二也”；“今依报章体例，月出一回，无从颠倒损益，艰于出色。其难三也”；“按月续出，虽一回不能苟简，稍有弱点，即全书皆为减色。其难四也”；“……不得不于发端处，刻意求工。其难五也”。[5]梁启超所谓小说创作“五难”，与当下网络文学的境况何其相似：作者急于“得润资”，脱稿即与读者见面，只不过网络文学周期更短，不需排印；难于结构，与传统小说体裁难以相容；日出一回，“无从颠倒损益，艰于出色”；按日续出，“虽一回不能苟简，稍有弱点，即全书皆为减色”；“不得不于发端处，刻意求工”。所以，今日网络小说所遇到的困境，与一个多世纪前，即报刊刚刚问世时，何其相似。但不同的是，先贤是从媒体特征来考虑小说困境以及解决之道，而不是以传统小说的评估标准来先入为主地批评。这一点，值得当代网络文学研究者借鉴。

事实上，从传统单行本到世纪之交的报刊连载小说，再到当下的

---

4 解弢：《小说话》，第 116 页，中华书局，民国八年（1919）。

5 梁启超：《〈新小说〉第一号》，《新民丛报》，第二十号（1902）。

网络小说，如范伯群先生所言，是一条清晰的古今文学链。[6]从发表周期看，时间越来越短；从传播媒介看，从纸媒到网媒；从创作方式看，从封闭写作到编辑、读者介入再到当下的共同创作；从发表方式看，从整体发表到按周期（月、半月、旬、三日、日）部分发表，再到创作现场即时发表；从阅读方式看，读者对小说的阅读从深阅读到浅阅读再到浏览式阅读；从阅读重心看，作为阅读重心的故事性的地位日益提升；从文本长度看，篇幅越来越长；从文本数量看，文本从少到多；从文学语言和艺术性看，有粗糙化趋势；从作者群体看，人数越来越多；从创作目的看，从个人写作到为读者写作；从与读者的关系上看，读者在文本中的话语力量越来越壮大……一切改变，都是依托于现代科技的文学对传统媒介文学的革命性颠覆。而最为显著的变革，就是作者的创作心态，创作过程从原来的完全封闭，到现在的完全开放，创作者的创作心态与当下全然不同。施耐庵在写作《水浒传》时，称“是《水浒传》七十一卷，则吾友散后，灯下戏墨为多；风雨甚，无人来之时半之。然而经营于心，久而成习，不必伸纸执笔，然后发挥”，“或若问言既已，未尝集为一书，云何独有此传？则岂非此传，成之无名，不成无损，一；心闲试弄，舒卷自若，二；无贤无愚，无不能读，三；文章得失，小不足悔，四也”，“但取今日以示我友，吾友读之而乐，斯亦足耳”[7]。这是小说创作的自由时代：写与不写，是自己的意愿；写完给谁看，是自己的意愿；闲来才弄笔，写完不必顾虑得失，写作完全出于自娱。到了文学商品化时代，特别是到了报刊传媒进入资本化时代，卖文为生的通俗文学作家因生活所迫，常以卖文为耻，一边

6　范伯群：《古今市民大众文学的“文学链”》，《苏州教育学院学报》，第2—6页，2013年第2期。

7　施耐庵：《自序》，《水浒（一）》，第2页，上海书店出版社，1996年10月版。

苦恼于卖文之“忙”，一面对自己“文字劳工”的身份心怀惴惴。宫白羽 1939 年曾这样评价自己的写作：

> 一个人所已经做或正在做的事，未必就是他愿意做的事，这就是环境。环境与饭碗联合起来，逼迫我写了些无聊文字。而这些无聊文字竟能出版，竟有了销场，这是今日华北文坛的耻辱，我……可不负责。[8]

到了当下网络小说作者那里，即时性的网络传媒本身就在不停刺激，因为再畅销的网络小说作者，只要休息几天，读者必然流失，这不是一个选择能否的问题，而是生存与否的问题，因为作者的写作一旦停下来就意味着被淘汰。报刊作家还可因特殊情况休息一段时间，回来续作，读者仍继续追捧。可在网络时代，面对海量的网文，读者的选择空间无限大，很容易“移情别恋”。这样一种阅读机制，别说作者每天 5000 到 10000 字的工作量，就是编辑，都苦不堪言。血酬就说：

> 传统编辑主要面对作家，只需考虑内容的策划和制作，而网文编辑需要面对作者、读者、媒体、分销渠道，出版 + 发行、策划 + 宣传几乎一把抓。
>
> 举骁骑校的例子来说，《匹夫的逆袭》新书发布前，就要策划“屌丝节”吸引读者关注；和作者沟通作品选型、具体写法；新书发布后要策划营销活动，并且找出版社合作纸书出版、找制片人沟通影视方面合作，任何一个渠道没上都要去了解情况，成绩好坏要关心，作者身心要关爱。

8　宫白羽：《自序》，《话柄》，第 1 页，正华学校，1939 年 12 月。

> 在做酒徒新书《男儿行》的时候，细到章节名怎么写，多到十重活动层层设计都要做好，粉丝群也要做好管理等等。[9]

为抓住读者，无论是网文作者还是编辑，还是网站运营方，都势必将故事第一时间推到读者面前，至于是否深加工，则是文本被读者评价后再生产或者说跨媒介转移的事情。

因此，这样的生产机制决定了网络文学发表时只能是一种草稿，与古代、近现代乃至前网络时代的文学形态有根本的不同，对于读者而言，它们是伴随着新媒介而诞生的早产儿，这个早产儿的灵魂和生命力来自“故事”和“话语”，也就是什么故事和如何讲好这个故事是关键。当然，“故事”是网文作者的胚胎，而如何讲好这个故事，则是编辑和读者共同作用的结果。因此，网络文学是作者、编辑、读者三方共同培育的“宁馨儿”，传统纯文学的评价标准显然在这里无能为力，网络文学只是一篇篇尚未成熟的故事，文本粗糙是必然的，作为评论者，必须承认在这种生产机制下的客观事实，一味指责或者企图以纯文学的方式提升与引领或者追求文本的精致化、思想性，都是“跳出地球”的行为，对于创作实践及读者阅读没有现实的指导意义。

三、“冯梦龙—苏州近现代通俗文学—网络文学”：经典化路径之同一性

古代小说从口口相传到手抄到印刷，传至今日的经典，都经历了

9 血酬：《不离市场，方得网文》，《网络文学评价体系虚实谈——全国网络文学理论研讨会论文集》，第214页，作家出版社，2014年11月。

无数阅读与修订的过程。就算“字字看来皆是血”的《红楼梦》，在问世之前，也经历了“脂砚斋”无数次细读、评阅及与作者的对话。只是这种过程都是在封闭状态下进行。以彼时的文学生产方式，待与读者见面时，无论语言、故事、情节、叙事策略，都已经历过非常细致的打磨，基本是非常成熟的文本，加之作者文学艺术修为、无功利的创作心态、充裕的时间保证，种种因素，决定了读者接触的文本的形态。到了清末民初报刊媒体时代，报刊连载小说作者备受批评，主要原因就是相比于古代小说与读者见面时的形态，报刊小说文本呈现粗糙化，加之时代思潮、革命与文学话语变革、文化转向、战争背景等种种原因，以通俗文学作家为主体的报刊连载小说作者受到各种指责。激进时代，需要关注的大事件、大问题太多，少有人冷静面对媒介变革这一客观事实而给予长篇报刊连载小说以公道的声音，通俗文学作家只能蒙受不白之冤。时至今日，当年风口浪尖上的流行作家，无论是包天笑、张恨水、李寿民还是后来的张爱玲、徐訏，都毋庸置疑地登上了经典作家的宝座。他们当年备受诟病的“金钱主义”“小市民文学”“无病呻吟”“文本粗糙”等等，都已随着时代变迁而消逝，价值流动受到接纳；更随着一次又一次单行本发行与修订，影视、戏剧、弹词、漫画等方式的改编，去粗取精，在不同时代获得了生机。正如笔者前文所论述的那样，经典流动是不争的事实，无关雅俗[10]，网络文学的未来必然会如当年的报刊文学一样，从量变实现质变，出现经典作家。只是，这个结果不是一蹴而就的，需要读者、编辑、作者的共同努力，文本发表之后，经过读者检验，经历一次又一次的媒介转移，在再生产的过程中完成。而事实上，如血酬所言，网媒编辑目前

10　石娟：《趣味休闲·经典流动·集体记忆：百年通俗文学通俗性的三个维度——以当下读者阅读调查为中心》，待发表。

所忙碌的，无论是联系出版社出版单行本，与影视公司洽谈影视改编工作，还是与作者沟通粉丝意见，看似出于商业利润的最大化目的，事实上，从文学角度而言，就是走向经典化的必由之路。其实，即便是在历史现场中，想要有所作为的作家，均作出了各种经典化的努力。时至今日，张恨水成为经典作家，他自己和编辑也作出了相当大的努力。在《啼笑因缘》写作之初的“先行布局”，“少用角儿登场”，仍“重于情节的变化”[11]；严独鹤引领一时风潮的精彩之“评”[12]；后来又在《世界日报》上对文本进行改写[13]；再到出版单行本之前三友书社发布的一系列读者关于修订意见的征集，再到后来半个世纪的影视剧改编，都为《啼笑因缘》进入今日的文学史建立了不朽功勋。而到了当代，仍不乏其人。金庸就是代表人物之一。且不论他作品一次又一次的影视剧、动漫及戏剧改编，单看他封笔后对十五部（含《越女剑》）小说从1972年开始的十年的以单行本出版为目的的改写的原因，就是由于金庸或有意或无意间意识到了报刊连载与单行本之间各自不同的功能。要赢得读者，必须作报刊连载；要青史留名，必须作经典化努力，必须从“单日畅销书”变为一部脉络清楚、情节连贯、人物分明的完整的作品。这是报刊连载小说与单行本小说之间的差异与联系，也是在商品时代，文学，特别是通俗文学从流行走向经典的必由之路。

11　张恨水：《我的小说过程》，《上海画报》，1931年1月27日—2月12日。

12　石娟：《〈啼笑因缘〉缘何轰动》，《中国现代文学研究丛刊》，第183—198页，2011年第2期。

13　石娟：《〈啼笑因缘〉的两个版本——〈新闻报〉与〈世界日报〉之间的一段公案》，《新文学史料》，第166—170页，2010年第3期。

事实上，据笔者了解，当代网络小说作家并非没有经典化的追求，很多人甚至对于创作相当严格。《三京画本》的作者盛颜写作和更新极慢，《三京画本》从 2004 年夏天开始写，开始时涉及版权，在《今古传奇》（武侠版）先连载后在网络上发表。2006 年起点中文网率先实行付费阅读制度后，转而在网络上发表。写到 2010 年，六七年里，只写了 22 万字。用她自己的话说，原因在于“我不愿意读者看到一个敷衍塞责、没有光彩的故事，所以我用了很多时间来积攒情绪、进入状态”。而其实“这是一个早就完成的故事，创作的热情和乐趣被过早消耗，支撑我完成它的动力只剩下因为连载而对读者产生的责任”。但是盛颜也说：“这种写作状态绝对不好，不够专业，过于任性。”恰恰是因为她把写作看作“能够暂时摆脱庸碌生活的唯一方法”[14]，而非谋生手段。因此，对于网站来说，盛颜的写作方式显然无法满足网站对写手每天 5000 字到 10000 字的更新率，但盛颜也用她这种“不够专业，过于任性”的方式，赢得了专属于自己的读者，成为专职网络文学作家之外网络写作的“少数派”。而萧鼎的《诛仙》情形则与盛颜大为不同，但更为特殊。《诛仙》自 2003 年 7 月 4 日自起点中文网连载，彼时各大文学网站付费阅读制度尚未正式开始。《诛仙》在起点连载到 2006 年 7 月 14 日《心机》一章便停止连载，这仅是出版后的《诛仙》全书的第 209 章，第五集，最终全书出版了八集，共 255 章，出版于 2009 年。主要原由，就在于网站付费阅读制度和图书出版的需要，被当时的网友戏称为“挖坑”。在 2006 年到 2007 年前后，萧鼎、流潋紫、当年明月等人，皆成为这一制度的受益人。但从《诛仙》等作品我们不难看出，作者彼时单行本的改写并没有后来那样大，这与很多因素有关，其中一个重要因素

14　盛颜：《一直写下去》，2010 年 2 月 22 日，http：//blog.sina.com.cn/s/blog_6322967c0100h231.html。

就是萧鼎写作时的心态。在2007年一次新浪读书对他的采访中，萧鼎谈起自己当时的创作状态，“还是比较轻松和自由的”，“与金庸等日报连载作家相比，要轻松得多”。也的确，当时萧鼎在起点中文网连载《诛仙》时，提前写好一部分后，从“序”到“第六章‘拜师’”都是一天上传，“第七章‘初始’”和“第八章‘传艺’”则在4天后也就是7月8日才上传，到“第九章‘佛与道’”直到7天后7月15日才上传，所以作者的创作状态比较轻松，或许，这就是后来网站编辑所呼吁的网络文学写作的“内容为王”时期作者的心态。由于作者创作时成竹在胸，尚未写完时结局已想好，读者的意见对文本整体的故事结构影响不大，因此，单行本出版与网络连载出入较小。但到了金子的《梦回大清》时期，情形则有了很大变化。或许，这就是当下遭受理论界激烈抨击的商业化写作时代的问题所在。但与一般作者仅是文字上作些调整比起来，《梦回大清》在四年后变为精装版时，仅第一回，作者就作出了很大的改写：

我叫蔷薇，一个普通的上班族，天天往来于城市的各个角落，做着繁琐而又忙碌的工作。我的最大爱好就是到各个古建景点参观，因为我是满族，所以每次走在那些地方总是由（有）种不同的感觉，总想这要是在过去，我又会是在干什么呢？呵呵。反正不会是现在的无聊的财务报表和分析。

今天是个风清云朗的日子，又是假日，我一早就起来，打算去故宫走走，我的一个发小在那里工作，每次都去找她，一方面好朋友谈天说地，另一方面省了门票钱，我也是个拮据的上班族呀。地铁很顺，下车顺着老路进了侧门，看门的师傅都认得了我，笑着说：“又在找小秋呀？”“你早！”我大声的回答道，然后赶紧溜走，那个大爷很能侃，第一次不知道的情况下，我在门口被他拖住了俩（两）个钟头，记忆深刻，痛定思痛，以后每此（次）见了他，都是大声的打招呼，然后飞快的（地）跑掉。小秋发短信说她在御花园那边，让我过去找她。我顺着长长的甬道走着，望着上面的窄窄的蓝天，这条路很偏僻，因而异常的安静，我深深的陶醉着，浮想联翩，那个皇亲贵族走过这里，有时是否有公主妃子从这里经过，是否也像我这样心情愉悦，或是……走着走着，前面尽头是一个小门，哎，我明明记得是个拐角，怎么就走到头了呢？错了？算了，车到山前必有路，往门缝里张望了一下，好像个院落，我轻轻的推了一下门，“吱呀”一声竟开了，探头进去看看好像没人管，大着胆子就进去了。只觉得这个院子凉森森的，青苔附着在墙角，一个狭小的四合院，看起来已经很久没有修缮过了，正门上挂着一个匾，影影绰绰是个“秀”字，满文到（倒）是很清楚，可惜我虽是满族，却不懂半点满语，凑上前去依着门缝往里看，谁知这门年久失修，禁不住我的依靠，竟开了，我踉跄的就跌了进去，只觉得空气污浊，头一晕，就什么都不知道了。

——《梦回大清》（网络版）晋江文学城，2004 年 7 月 1 日[15]

而精装版引子不仅题目改成了“穿越”，内容也做了很大改动：

我叫蔷薇，一个再普通不过的上班族，天天往来于北京的各个角落，做着繁琐而又忙碌的工作。我的最大爱好就是到各个古建筑景点参观。不知道为什么，每次走在那些依旧留着辉

15　金子：《梦回大清·迷路·第一章》，晋江文学城，2004 年 7 月 1 日，http://www.jjwxc.net/onebook.php?novelid=12779&chapterid=1。

煌痕迹的古建筑景点，总让我有种不同的感觉，想着要是在过去，这些宫宇楼台曾是何样的盛况，那些穿梭其中的古人过着怎样的日子。如果能回到那时，我又会去干什么呢？

“蔷薇，想什么呢？老板等报表呢，你还发呆！”同事姚姐轻轻戳了我一下。我一哆嗦，抬头就看见了经理大人不善的目光，所有的遐想瞬间灰飞烟灭。我冲姚姐悄悄做了个鬼脸，赶忙整理好报表冲向老板的办公室，心里却还想着，天天都是这样无味且繁琐的工作，何时才能脱离这些无聊的财务报表和分析，过另一种完全不同的生活呢？哪怕，全然未知……

北京的秋天总是让人心情愉悦，蓝天白云，舒爽凉风，本来想睡懒觉的我被小秋一个电话给叫了起来。“好，好，知道了，就过去。”我含着一嘴的牙膏沫儿说。小秋这个发小原本住在我家隔壁，后来虽然因为搬迁分开，但我们之间的联系却从未断过。大学毕业之后，学档案管理的小秋被分配到故宫博物院，她总是笑说这个工作就是为我找的。因为每次我都打着找她谈天说地的旗号，光明正大地免票穿过午门。没办法，六十块钱一张票对于我这个小财务，可不是经常消费得起的。

地铁很顺，下车顺着老路进了侧门，看门的师傅都认得我了，笑着说：“又来找小秋呀？”

“是啊，您老早！”我笑着大声回答，然后赶紧溜走。那个大爷巨能侃，第一次我还不知道厉害，足足在门口被他拖住了两个钟头，从清朝某皇帝说到天安门地铁，教训深刻。痛定思痛，以后每次见了他，我都是热情洋溢地打招呼，然后飞快地跑掉。

小秋发短信说她在御花园那边忙活，让我过去找她。故宫里永远不缺游客，我宁愿从东六宫绕行，没一会儿就把那些喧闹抛在了身后。我放缓脚步，顺着长长的甬道走着，仰头看到的是窄窄的蓝天，左右两旁则高耸着暗红色的墙和金黄色的琉璃瓦。这条路很偏僻，因而异常的安静，一瞬间我仿佛被包围在了旧时光里，只有鞋底敲击着地面的咔嗒声。这种感觉让人沉醉，我不禁浮想联翩，是否那些皇亲贵族也走过这里，他们当时在想些什么呢？是否也像我这样心情愉悦，或是……

走着走着，我觉得有些不对劲，前面尽头处现出了一个小门。咦？我明明记得应该有个拐角，怎么就走到头了呢，走错路了？我疑惑着向前走，直至门前，扒着门缝向里张望了一下，好像是个院落。我无意识地往前靠了靠，想要看得更清楚些……“啊！”我低叫了一声，身前的门吱呀一声打开了，原来并没有上锁。

有些心虚地看看四周，依然只有我一个人，略探头进去看看好像也没人管，实在忍不住好奇，我大着胆子就走了进去。一进来就觉得这个院子凉森森的，斑驳的青苔附着在墙角檐下，一个残破的石鼓半埋在地里。这是一个狭小的四合院，看起来已经很久没有修缮过了，正殿上倒挂着一个匾额，抬头看去，影影绰绰的貌似一个“秀”字，满文倒是很清楚，可惜我虽是满族，却不懂半点满语。这院子静得仿佛进入了真空，我忍不住摩挲了一下手臂上竖起的汗毛，决定还是离开。刚转身想走，呼的一下，一阵凉风掠过颊边，我不禁打了个哆嗦。“谁？”那一瞬间仿佛听到有人在说话，我猛然转头看向身后，惊讶地发现原本紧合的殿门竟然打开了，殿内光线昏暗。我还什么都没看清楚，就觉得一股污浊的空气迎面冲来，头立刻晕沉了起来，本能地想逃走，腿却如同面条一般软了下来，我踉跄着就朝屋里栽了进去。我眼前顿时一片漆黑，只感到瞬间被什么包围了起来……

“小薇，小薇，小薇……”

是谁？谁在呼唤我……

——《梦回大清》（精装版）[16]

精装版出版后，出于销售的需要，晋江文学城的《梦回大清》下部有几章被锁，金子在末尾告知读者，新出版的精装版她做了些修改，“但结尾未动，这个，不能动”[17]。似乎有话要说。金子对这部作品的感情及在修改中所作出的努力，我们清晰可见。如上种种，不仅说明了当代网络作家对于自己的作品有着强烈的经典化追求，更呈现了当代网络文学表象背后的种种复杂性：作家的追求、读者的批评、网站的态度、市场的反应、政策的改变……种种种种，多种力量共同作用于作品，必将影响作品最终的面貌。因此，有追求的作家或出版商或传媒公司，不会让作品停留于满足读者的一时追捧就戛然而止，而是会利用网络文学作品媒介转移的契机，对网络写作时无法顾及的故事、语言、逻辑、叙事……予以全方位考量，一步一步将“胚胎”孕育成熟。因此，网络文学作品的经典化不仅可能，而且必定会出现。只是优秀作品的媒介转移需要假以时日，我们拭目以待。

吴文化不仅是古代的、历史的，更是现代的、当下的。它不仅是细腻的、温婉的、刚柔并济的，更是包容的、博大的、生生不息的。它涵盖了吴地的林林总总，不仅在艺术、文学、历史的可供记录的形而上的层面，更悄无声息地浸润在细屑琐碎、平淡无奇的吴地百姓日常生活中。它不仅是大雅的，也是大俗的。

16　金子：《梦回大清》（精装版），第1—2页，沈阳出版社，2010年12月。

17　金子：《精装版〈梦回大清〉上市》，晋江文学城，http: //www.jjwxc.net/onebook.php?novelid=30981&chapterid=24。

图书在版编目（CIP）数据

苏州文艺评论. 2017. 上 / 苏州市文学艺术界联合会，苏州市文艺评论家协会主编. -- 上海 : 文汇出版社，2017.5

ISBN 978-7-5496-2144-6

Ⅰ. ①苏… Ⅱ. ①苏… ②苏… Ⅲ. ①文艺评论－中国－文集 Ⅳ. ①I206-53

中国版本图书馆CIP数据核字(2017)第118858号

苏州文艺评论 2017（上）

主　　编 / 苏州市文学艺术界联合会　苏州市文艺评论家协会
责任编辑 / 许　峰
装帧设计 / 刘　啸

出版发行 / 文匯出版社
上海市威海路755号
（邮政编码200041）
印刷装订 / 苏州华美教育印刷有限公司
版　　次 / 2017年6月第1版
印　　次 / 2017年6月第1次印刷
开　　本 / 787×1092　1/16
印　　张 / 11.25
字　　数 / 100千

ISBN 978-7-5496-2144-6
定　　价 / 20.00元